Todo lo que

siempre quisiste

saber sobre tecnología

y no te animaste

a preguntar está en

www.tectimes.com

Navegue por la Web y conozca los **servicios de Internet**, de la manera más fácil y rápida

COLECCIÓN GUÍAS VISUALES | Feld, Fabián | 208 páginas | ISBN 987-526-091-6

Gustavo Briozzo

mp3

MP EDICIONES S.A.

USERS

TÍTULO: MP3
AUTOR: Gustavo Briozzo
COLECCIÓN: Manuales Users
EDITORIAL: MP Ediciones
FORMATO: 17 x 24 cm
CANTIDAD DE PÁGINAS: 216

Editado por MP Ediciones S.A.
En la Argentina: Moreno 2062 (C1094ABF),
Ciudad de Buenos Aires.
En México: Av. Del Cristo No. 101, Xocoyohualco,
Tlalnepantla, Edo. de México, C.P. 54080.
En Chile: Estado 359, Piso 9, Santiago de Chile

ISBN 987-526-094-0

Primera impresión realizada en septiembre de 2001.
Donnelley Cochrane Editora do Brasil Ltda.
Rua Epiacaba 90, Sao Paulo, Brasil.

Impreso en Brasil.

Sobre la editorial

MP Ediciones S.A. es una editorial especializada en temas de tecnología (computación, IT, telecomunicaciones).

Entre nuestros productos encontrará: revistas, libros, fascículos, CD-ROMs, sitios en Internet y eventos.

Nuestras principales marcas son: *USERS, INSIDER, Aprendiendo PC y TecTimes.*

Si desea más información, puede contactarnos de las siguientes maneras:

Sitio web: www.tectimes.com
E-mail: libros@tectimes.com
Correo: Moreno 2062 (C1094ABF), Ciudad de Buenos Aires, Argentina.
Tel.: 54-11-4959-5000
Fax: 54-11-4954-1791

Sobre el autor

Al finalizar sus estudios, **Gustavo Briozzo** ya tenía decidido su futuro: la computación.
A los 18 años comenzó a trabajar en MP Ediciones –en el Departamento de Publicaciones Electrónicas–, generando contenido tanto para los CDs de las diferentes publicaciones como para la sección Downloads de TecTimes. Su primera publicación fue la reedición del libro *Creación de páginas web*.
Hoy continúa trabajando para la editorial.

Dedicatoria

Para el amor de mi vida, Edith, y mis mejores amigos, Carolina, Diego y Jaqueline.

También a mi familia, Luis, Alicia y Rosalía.

A mis amigos de la Editorial, Balta, Gus, Mariano, Dany, Maxi, Lionel, Adrián, Marcelo, y todos los demás.

Y, en especial, a Gaby, Jorge y Romina.

Prólogo

El tiempo vuela, y si hablamos de informática y tecnología, más aún. Hasta no hace mucho, los casetes eran la única alternativa. Luego llegó a popularizarse el CD. Pero como era de esperar, la industria digital no iba a dejar pasar mucho tiempo sin novedades, y la sorpresa arribó con una sigla que hace mención a un formato: MP3.

Y allí empezó la verdadera revolución musical. Programas, reproductores portátiles, celulares, batallas legales... Gran parte de la historia ya la conocemos, aunque el final está abierto y bastante lejano.

Pero el objetivo de este libro no es hacer futurología, sino cubrir de manera amplia todos los temas relacionados con el popular formato. Los lectores podrán conocer mediante esta obra cuáles son los programas más utilizados, cómo dominarlos a fondo, qué reproductores portátiles hay en el mercado y cuáles son las últimas novedades en puerta.

Sin lugar a dudas, el tema es tan amplio como interesante, y más aún cuando lo expone un especialista como Gustavo Briozzo, verdadero fanático del MP3, que le dedica más horas a la música que al descanso.

Luego de todo lo dicho, sólo me resta desearles que disfruten el libro y que incursionen con éxito en el fabuloso mundo de la música digital.

Saludos.

Baltazar Birnios
Productor de CDs
MP Ediciones S.A.

A lo largo del libro encontrará estas viñetas con información complementaria:

CURIOSIDADES

Datos divertidos y locuras varias que resultan necesarias saber para ser un experto animador de reuniones sociales.

DEFINICIONES

Después de leer estas definiciones, no existirán más palabras inentendibles ni temas que lo inhiban.

IDEAS

Trucos para realizar distintas tareas de manera más rápida y efectiva. Consejos sabrosos para todo conocedor del tema.

ATENCIÓN

Problemas típicos o errores frecuentes con los que se cruza el usuario inquieto, y los secretos para evitarlos.

DATOS ÚTILES

Información valiosa, datos presisos y actualizados, sitios web clave y respuestas a las preguntas frecuentes.

SÓLO PARA GENIOS

Información y trucos para usuarios avanzados. ¡Todos llevamos un genio dentro (el asunto es saber contrarlo)!

EN EL CD

Referencia al contenido del CD-ROM desarrollado por el equipo de publicaciones electrónicas de nuestra editorial.

LO NUEVO

Comentarios sabrosos de las novedades incluidas en la última versión y las mejoras logradas en sus aplicaciones.

El libro de un vistazo

1

Pasado y presente de los medios de grabación

Los orígenes de la música: con un desarrollo de cada una de las etapas de la evolución de los medios de grabación.

2

Reproducir archivos MP3 con Winamp

Paso a paso cómo manejar la herramienta preferida para reproducir archivos MP3.

3

Crear MP3 y grabar CDs de audio con MusicMatch

Crear archivos MP3 parece algo complicado; sin embargo, gracias a excelentes aplicaciones como MusicMatch Jukebox, la tarea resulta bastante sencilla y posible de llevar a cabo en pocos pasos.

Compartir música MP3

LimeWire, el posible sucesor de Napster, es una de las alternativas más completas para compartir archivos por Internet utilizando la tecnología **"peer-to-peer"**. Conozcamos su interfase sencilla y obtengamos resultados asombrosos en cuestión de minutos.

5

Skins

Aprenda a crear una skin para Winamp. Una completa recompilación de los accesorios más populares que otorgan un estilo diferente y le dan personalización a Winamp, Sonique y Windows Media Player.

Guía de software

Un detalle de las principales categorías de software que resultan indispensables a la hora de crear, editar, reproducir o intercambiar archivos MP3.

Guía de hardware

El formato MP3 impulsó el desarrollo de la más variada galería de hardware para mejorar el almacenamiento de música (reproductores portátiles de todos los tipos, así como los dispositivos más variados).

contenido

Capítulo 3. Crear un MP3 y grabar CDs de audio con MusicMatch

Capítulo 4. Compartir música MP3 con LimeWire

Capítulo 5. Skins

contenido

Evolución o revolución

A la música se la puede definir como el fenómeno vibratorio percibido por el oído que produce sobre el ser humano sensaciones, emociones o ideas.

La música y el hombre se encuentran ligados desde hace mucho tiempo; fue empleada en distintos rituales de las tribus más diversas en todo el mundo y en diferentes civilizaciones, como la egipcia o la maya. Por ejemplo, según los egipcios, el dios That creó el mundo con un terrible grito, que tuvo el suficiente poder para hacer surgir las cosas de la nada.

Ya desde el principio de los tiempos, el hombre contó siempre con dos instrumentos naturales para comunicar sonidos: uno de percusión y otro de viento; es decir, sus manos y su voz.

La evolución de las culturas continuó generando diversos estilos musicales, así como variados elementos de grabación y reproducción.

Actualmente, nadie puede decir sinceramente que no sabe lo que es un casete o un CD; aunque tal vez muchos no conozcan lo que es el MP3. Por eso, en este libro intentaré contarles todo lo que es necesario saber sobre él: su origen, su historia, cómo funciona, quién lo creó, cómo se reproduce, cómo es su manejo, la creación de archivos y la utilización de sus aplicaciones más populares, entre otras cosas.

Aquí podrán encontrar soluciones para todos los usuarios. Los que no poseen conocimiento alguno sobre este formato, aprenderán en profundidad qué aplicaciones deben utilizar –desde cómo instalarlas hasta cómo aprovechar sus más variadas opciones–; también conocerán dónde descargar archivos y otros datos de gran utilidad. Los que ya tienen un cierto manejo de MP3 podrán hallar respuestas a sus inquietudes: funcionamiento del algoritmo utilizado, quiénes fueron sus desarrolladores y todo lo relacionado con la legalidad; además de conocer otros tipos de soft.

Sea cual sea su nivel de usuario, para comprender y aprovechar al máximo este libro no necesitan contar con grandes conocimientos sobre computación. Simplemente oprimir el botón **POWER** de su PC será suficiente (éste, usualmente, se encuentra al frente de su gabinete; a no ser que posean una máquina más antigua, en cuyo caso se ubica en la parte posterior. Esto es sólo por si algún distraído no comprendió mi mensaje).

El formato MP3 también puede ser utilizado para contener cualquier tipo de música (no solamente el último éxito de Guns n' roses o su banda favorita), ya que dada su gran accesibilidad permite la promoción de bandas que no cuentan con los medios necesarios para su difusión, y que encuentran en el uso de esta tecnología una disminución notable de los costos, en comparación con el mercado tradicional.

Conozcan entonces al mayor "monstruo" que las compañías discográficas hayan enfrentado, y del que todo el mundo es parte; pero que, innegablemente, abre las puerta a una evolución y un cambio al que las empresas y los usuarios deberán acostumbrarse.

No se extrañen entonces de que en unos pocos años los artistas dejen de distribuir sus creaciones en CD o DVD (o cualquier otro dispositivo), y de que las compañías ingresen en el mercado de la venta de música online. Esto, así lo indican las actuales tendencias, producirá ventajas tanto para las empresas (menores gastos de producción, publicidad, etc.) como para los usuarios (selecciones y decisiones de compra más precisas del material deseado). Asimismo, no puede dejar de mencionarse el hecho de que se podrá acceder a la música más variada a costos muy por debajo de los que habitualmente hoy se pagan con la utilización de otros soportes.

Gustavo Briozzo
gustavob@tectimes.com

CAPÍTULO 1

Pasado y presente de los medios de grabación

En este capítulo, nos remontaremos a los orígenes de la música y conoceremos cada una de las etapas de la evolución de los medios de grabación, hasta llegar al MP3.

Grabaciones análogas

La primera grabación de audio (más precisamente, de voz humana) se remonta al año 1877. La persona encargada de dicha labor fue el famoso inventor Thomas Alva Edison (**Figura 1**) a través de su invento: el **fonógrafo**. Éste sería el puntapié inicial para todos los avances que luego, con el correr del tiempo, se registrarían en los métodos de grabación de la mano permanente de los desarrollos tecnológicos.

Figura 1. *Thomas Alva Edison.*

Una vida patentada

Thomas Alva Edison nació en Milán (Ohio), en el año 1847. Trabajó como vendedor de diarios y dedicó su tiempo libre a la investigación.

Luego de salvar la vida de un niño (hijo de un jefe de estación), fue admitido en la oficina telegráfica de Mount Clemens. La notoriedad adquirida allí le posibilitó trasladarse a Boston, donde pudo finalizar sus primeros descubrimientos.

En 1877 presentó una de sus creaciones más reconocidas y de la cual se sentía más orgulloso: el fonógrafo. Éste permitió por primera vez almacenar cualquier tipo de audio para su posterior reproducción (para el almacenamiento del audio se registraban las vibraciones producidas por el sonido sobre un cilindro de estaño).

Otros inventos destacables de su propiedad fueron, sin lugar a dudas, la lámpara eléctrica y el telégrafo perfeccionado, así como sus valiosísimos aportes para el desarrollo de la industria cinematográfica.

También fue el principal activista para conseguir la luz eléctrica en todos los hogares (la instalación de la primera planta de energía eléctrica del mundo en la ciudad de Nueva York fue uno de sus logros más notables).

Falleció el 18 de octubre de 1931. Contaba en su haber con mas de 1000 patentes a su nombre.

Ya en los años '20 surgieron en Europa las primeras grabaciones almacenadas en diferentes dispositivos, en los que las ondas musicales se transformaban en pulsos magnéticos que luego eran aplicados a diversos elementos (como el acero). Pero la evolución en los mecanismos de grabación no se detendría: el desarrollo tecnológico y nuevos descubrimientos permitieron que una novedosa y próspera industria surgiera.

Durante los años '40, se utilizó el plástico como un nuevo medio para almacenar música. Y, hoy en día, esta técnica sigue siendo empleada; aunque se han agregado nuevos componentes, como finas capas de metal y otros elementos que mejoran la calidad del sonido.

En 1948 apareció el **disco de vinilo o LP**. Éste poseía una dimensión de 30 cm –en los que se podía albergar 45 minutos de audio con buena calidad– y funcionaba a 33 revoluciones por minuto.

Pero los años '50 fueron el despegue definitivo que necesitaban la música y los dispositivos de audio para consolidarse. Dos importantes hechos produjeron este cambio: el primero fue la introducción en el mercado del nuevo sistema Hi-Fi (*High Fidelity*); y el segundo, la aparición del rock and roll, que produjo millones de ventas en todo el mundo y ayudó a la popularización del LP (durante esta década se registraron récords en la producción de discos de vinilo por parte de Columbia y RCA).

Por los años '60 se popularizó el uso de reproductores de ocho pistas tanto en los hogares como en los automóviles, que fueron los primeros en incorporarlos. Mientras esto sucedía en los Estados Unidos, ya en Europa se podía disponer de un nuevo dispositivo de audio llamado **casete**, desarrollado por Norelco and Philips. Sus ventajas más significativas frente al disco de vinilo fueron: su diseño más compacto, la posibilidad de ser grabado varias veces y su mayor duración.

MARK II

En los años '50 comenzó el vínculo entre la música y las computadoras, con la presentación del primer sintetizador desarrollado por RCA, utilizado para el estudio del sonido. El primer sintetizador comercial se llamó MARK II y, a diferencia de los actuales, impresionaba por su gran tamaño y solía producir, en algunas oportunidades, sonidos equivocados.

Grabaciones digitales

Nuevamente, en el año 1988, Philips sorprendería al mundo con un nuevo dispositivo de almacenamiento que sigue siendo aún el más utilizado: el **CD** (*Compact Disc*). Consiste en un disco de aluminio que permite almacenar audio con una calidad más refinada, en el reducido espacio de 12 cm. La **Figura 2** nos muestra el conocido soporte.

Figura 2. *El CD.*

Fabricación de un casete
Los casetes contienen una cinta magnética en donde se almacenan los registros de audio. Esta cinta cuenta con un grosor menor que 0.025 mm, y es recubierta mediante dispersión de polvo magnético sobre la superficie totalmente pulida. Este proceso es conocido como "grabado". Luego del "secado", se comprime la cinta entre dos cilindros.

DISPOSITIVOS MIDI

En el año 1981, el dispositivo MIDI (*Musical Instrument Digital Interface*), ya permitía contener una gran cantidad de información de instrumentos musicales en diferentes microprocesadores. Actualmente, este dispositivo ha evolucionado en forma notoria y es muy utilizado para la creación de música digital.

Igualmente vale destacar que la calidad brindada por un disco de vinilo es superior a la de un CD. Esto se debe a su forma de grabación: en el disco de vinilo quedan registrados todos los detalles de audio, mientras que en un CD el sonido se divide en fracciones, por lo cual muchos detalles se pierden durante el proceso, aunque éstos no son notados por el oído humano.

Pero el CD no ha sido el último paso de la evolución. Se han conocido otros dispositivos, como el **Mini Disc**, producido por Sony, y que no obtuvo los resultados esperados; o el **DVD**, el último avance en materia de almacenamiento, que ya ha comenzado ha popularizarse masivamente en todo el mundo.

Sin embargo, como lo demuestra la historia en la evolución de los medios de grabación –que ha ido siempre progresando con el auge de nuevas tecnologías y medios de distribución–, probablemente nuestros nietos ni siquiera oigan hablar del casete o del CD. Para probarlo, simplemente hace falta poner como ejemplo la evolución de las nuevas tecnologías (hoy en día es posible llevar un reproductor de MP3 en un reloj, algo que hasta hace un tiempo era solamente posible en una película de James Bond) y los nuevos medios masivos para la distribución de información, accesibles para una gran cantidad de personas (obviamente, hablamos de **Internet**).

Internet

Internet surgió en la década del '60 bajo el nombre de ARPA (*Advanced Research Projects Agency*). En sus inicios, era básicamente una red destinada a proyectos militares y a la seguridad de diversos organismos estadounidenses. Luego se ampliaría hacia otros campos como la investigación (especialmente en las universidades). Esta red funcionaba de manera centralizada y su acceso era sumamente restringido.

En 1981 se creó la CSnet, cuya principal diferencia frente a ARPAnet fue su uso no restringido.

Finalmente, en 1983 dejó de existir ARPAnet y dio paso a la flamante Internet, que es la que hoy utilizamos. Internet conecta actualmente a más de 100 millones de usuarios en todo el mundo y ofrece una amplia gama de servicios; los más populares son: el chat, el e-mail y el comercio electrónico.

PROCESO DE GRABACIÓN DE UN DISCO

Primero se debe contar con un disco de laca. Luego, los datos magnéticos son convertidos en señales eléctricas y un dispositivo graba los surcos. Tras una serie de procesos se obtiene el disco maestro, que deberá ser tratado con productos químicos para obtener un disco positivo. Finalmente se llega al disco matriz o de estampa, con el que se crearán las copias.

La explosión del MP3

Y ahora sí, como resultado de una combinación de estas tecnologías, surge el **MP3**. Este último paso de la evolución consiste en un formato de audio compacto (un minuto de audio ocupa aproximadamente 1 MB) que se basa en Internet –como el medio más viable para su distribución– y en las nuevas tecnologías de la comunicación (acceso de banda ancha), que permiten que la transferencia de datos se realice de manera casi inmediata.

El formato MP3 está también asociado a los diferentes dispositivos de almacenamiento mencionados anteriormente. En este sentido, es obvio que no puede grabarse un archivo MP3 en un disco de vinilo; pero sí es posible transferirlo y almacenarlo en un CD o un DVD. Esto ha hecho evolucionar otros campos de la tecnología, como los clásicos reproductores: hoy en día es posible encontrar aparatos similares a un reproductor de CD, que, además, permiten reproducir discos con archivos MP3 (el **Capítulo 4** contiene una completa revisión de los reproductores más populares y variados).

Todo esto ha convertido al MP3 en el rey indiscutible de la música moderna: uno de los referentes más notables de la evolución musical (o revolución) y uno de los principales motores para el desarrollo de nuevas tecnologías.

Bienvenidos, entonces, al futuro del audio digital...

El nacimiento

El formato MP3 nació como fruto de una búsqueda por encontrar un archivo con una calidad de audio limpia; pero que no requiriera grandes cantidades de espacio para su almacenamiento ni procesadores poderosos para poder reproducirlo. Así surgió el MPEG-1 Layer 3 (más conocido como MP3), con el que la calidad de un archivo puede ser igual a la de un CD, y con un tamaño inferior (una doceava parte del original). Éste fue desarrollado por el ISS (Institute Integer Schaltugen).

El formato MPEG (*Moving Pictures Expert Group*) pertenece a un grupo de especialistas en imagen y movimiento que desarrolla compresiones para audio y video; a cargo de Fraunhofer IIS-A.

Los archivos MP3 representan una doceava parte del original. Esta característica (una de las fundamentales que lograron su popularidad) lo convierte en el formato de audio con mejor relación entre calidad y tamaño frente a los otros formatos de audio digital.

¿Qué requiere para su reproducción?
Otro interesante atributo es que para su reproducción no requiere un complejo o poderoso equipo; simplemente basta con contar, como mínimo, con una PC 486. Aunque, si deseamos realizar conversiones de tracks de audio a MP3, o viceversa, es recomendable utilizar un equipo más potente.

Por último, cabe destacar que la compresión de archivos, en realidad, no es una noticia reciente. Quienes habitualmente hacen uso de PCs seguramente habrán oído hablar de archivos `JPG` (correspondientes a un tipo de compresión de imágenes), o de archivos `ZIP` (que permiten reducir el tamaño de cualquier tipo de archivo). No era extraño, entonces, el posible surgimiento de un formato de compresión para audio digital.

¿Legal?

Uno de los aspectos más cuestionados del formato MP3 es su legalidad. Básicamente, el inconveniente no reside en el formato, sino en la distribución de los archivos bajo este formato, ya que deben contar con los permisos necesarios otorgados por el autor y/o sus respectivas compañías. Una de las principales organizaciones que intentan detener la distribución ilegal de material con derechos de autor es la R.I.A.A, conformada por las compañias musicales más importantes, y que ha mantenido una feroz lucha con importantes empresas como Napster.

Ciertas leyes permiten la posesión de archivos MP3 sólo si se dispone de la versión original, ya sea un CD, un casete u otro dispositivo.

El funcionamiento de un archivo MP3

La forma en la que un archivo MP3 reduce notablemente el tamaño está basada en una técnica de la ciencia de la psicoacústica.

Este revolucionario formato aprovecha las características del oído humano para la percepción de los sonidos y, valiéndose de complejos algoritmos, consigue "enmascarar" ruidos imperceptibles para el oído, luego de analizar la onda de sonido. De esta manera se consigue la reducción en el tamaño de los archivos, sin afectar la calidad de audio que podemos percibir.

El funcionamiento de un algoritmo
1. Se divide la señal en 32 bandas fundamentales.
2. Se determinan las máscaras que se usarán para cada banda.
3. Si la frecuencia de la banda es inferior a la de la máscara, se elimina el uso de esta última.
4. Se determinan los bits necesarios para enmascarar las bandas requeridas.
5. Compresión de audio.

Vale aclarar aquí que, aunque parezca mentira, es posible conseguir un variado número de aplicaciones que se encargan de realizar este proceso de la forma más sencilla.

El formato `MP3` no es el único formato de audio disponible. Además del ya famoso y comentado `WAV`, existen en la actualidad otra serie de formatos que han intentado, sin demasiada suerte, convertirse en una seria competencia. Entre estos formatos se puede mencionar el `VQF`, `RealAudio`, `Liquid Audio` y `WMA`.

CAPÍTULO 2

Reproducir archivos MP3 con Winamp

A la hora de utilizar archivos MP3, el software desempeña un papel fundamental y esencial. En este capítulo introductorio, y en los siguientes, aprenderemos a manejar paso a paso las herramientas básicas que nos permitirán crear, reproducir e intercambiar archivos MP3. Conoceremos la historia, el funcionamiento y mucho más sobre las aplicaciones top del mundo MP3: Winamp, MusicMatch y LimeWire También, las alternativas posibles en lugar de estas afamadas aplicaciones, que permiten administrar de forma ordenada grandes cantidades de archivos, editar los tags fácilmente y extraer pistas de audio desde un casete o un LP, entre otras cosas.

SERVICIO DE ATENCIÓN AL LECTOR
(54-11) 4959-5000 / lectores@tectimes.com

Winamp: el número uno

Para la reproducción de archivos MP3 se utilizan reproductores similares a los utilizados para reproducir CDs de audio (con los controles básicos), más algunas funciones extra para sacar el máximo provecho.

FICHA TÉCNICA
Empresa: Nullsoft, Inc
Sitio web: www.winamp.com
SO: Windows 9x/Me/2000
Idioma: inglés (existen plug-ins para modificar su idioma)
Precio: gratuito

Sin lugar a dudas, el más famoso reproductor es Winamp. Brinda las más variadas opciones para la reproducción: permite utilizar listas de reproducciones, un completo ecualizador con diferentes estilos musicales predeterminados, atractivas formas de visualización, un browser para la Web y soporte para el uso de skins. Winamp fue una de las primeras aplicaciones en incluir esta modalidad, y en la Web es posible encontrar miles de estos reproductores, además de otros agregados o plug-ins (en el CD-ROM que acompaña al libro hallarán una extensa y variada cantidad).

La instalación de Winamp

Versión tras versión, parece que uno de los principales objetivos de Winamp es facilitar el proceso de instalación. Para ello incluye pocos pasos por seguir, sin dejar de lado un alto grado de configuración y personalización.

Instalar Winamp — Paso a paso

1. La primera ventana que se observa luego de ejecutar el archivo instalador corresponde a los términos de uso y otros aspectos legales. Para continuar, debemos oprimir `Next`.

NUEVAS VERSIONES DE WINAMP

Vale aclarar que Winamp constantemente presenta nuevas versiones. La utilizada para esta guía corresponde a la 2.73, pero ya se encuentra en proceso la versión 3, que promete cambios más que considerables.

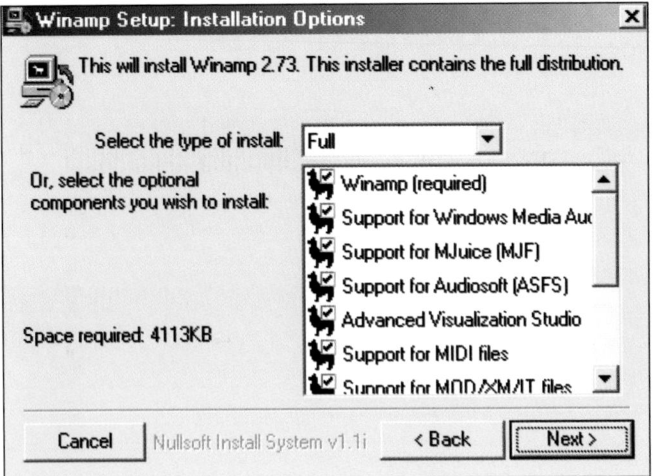

2. En la segunda ventana es posible definir el tipo de instalación. Las opciones disponibles son: **Custom**, **Minimal**, **Lite**, **Stándar** y **Full**. Presionamos sobre **Next** para seguir.

3. Una de las últimas ventanas permite definir en qué ubicación se instalará. Con el botón **Browse** junto al cuadro de texto, se puede modificar la ruta en donde se realizará la instalación. En la parte inferior, es posible visualizar el espacio disponible para la instalación en la unidad deseada, y cuánto requiere Winamp para llevarla a cabo. Para comenzar, cliqueamos en **Next**.

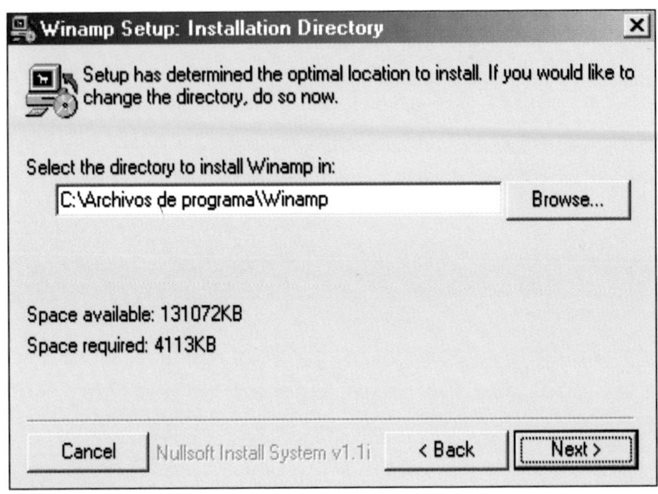

4. En la siguiente ventana se puede apreciar el proceso de instalación de Winamp.

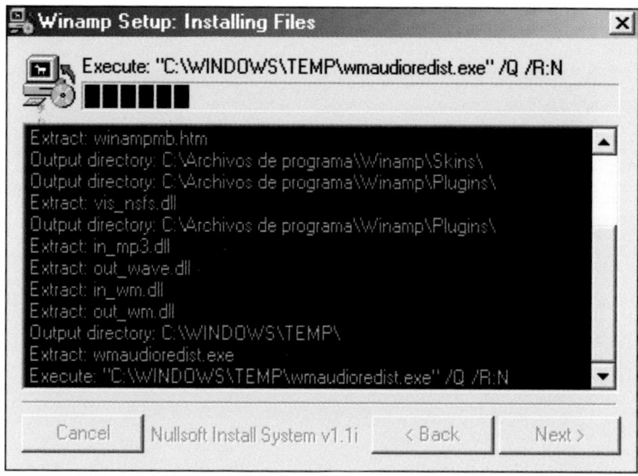

❺ Luego, se definen cuestiones relacionadas con la configuración y la personalización (ver **Guía Visual 1**).

❻ En la última ventana se indica si la instalación se ha completado de manera satisfactoria, y se ofrecen dos links para acceder a más información. El primero está destinado a los usuarios que anteriormente no habían utilizado Winamp o que desean conocer más sobre éste. Y el segundo proporciona a los usuarios más experimentados la posibilidad de conseguir plug-ins y atractivas skins.

GUÍA VISUAL 1. Opciones de configuración

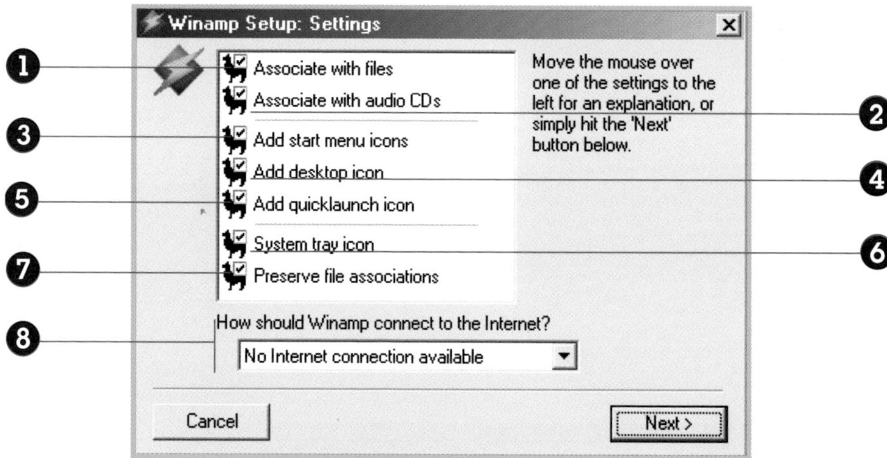

❶ Asocia los archivos **MP3**, **WAV**, **MIDI** y otros, para ser reproducidos con Winamp.
❷ Lo coloca como el reproductor predeterminado para CDs de audio.
❸ Incluye un menú en **Inicio** de Windows.

❹ Agrega un ícono en el Escritorio.
❺ Anexa un ícono en la barra Quicklaunch.
❻ Incluye un ícono en la barra Tray.
❼ Permite que Winamp sea el reproductor predeterminado de las extensiones seleccionadas.
❽ Para definir si contamos con una conexión a Internet, y de qué tipo.

Una vez instalado el programa, accedemos a la pantalla principal desde donde podremos realizar todas las funciones que este poderoso reproductor brinda. En la siguiente **Guía Visual** se detallan los paneles que la componen.

GUÍA VISUAL 2. Pantalla principal de Winamp

❶ Reproductor.
❷ Ecualizador.
❸ Lista de reproducciones.
❹ Browser.

VENTAJAS DE WINAMP

La principal ventaja de Winamp con respecto a otros reproductores es su simplicidad de uso. Además, brinda múltiples opciones para diferentes niveles de usuario, como la posibilidad de utilizar plug-ins con atractivas visualizaciones, skins para modificar su apariencia, etc.

Winamp a fondo

Winamp se destaca por los interesantes agregados que brinda a sus usuarios. Los detallamos a continuación.

El reproductor

El reproductor de Winamp cuenta con los controles básicos, similares a los que usualmente se encuentran en cualquier reproductor.

GUÍA VISUAL 3. El reproductor

❶ Controles para el estado de la ventana (minimizar, cerrar o vista compacta).
❷ Duración del archivo.
❸ Estilos de visualización.
❹ Nombre y duración de la canción.
❺ Volumen (control para incrementar o disminuir el volumen de reproducción).
❻ Balance.
❼ Barra de progreso (control para avanzar o retroceder la reproducción).
❽ Controles de reproducción.
❾ `Abrir archivo` (desde este botón podemos abrir otra canción o una lista de reproducciones).
❿ `Random` (reproduce las canciones en forma aleatoria).
⓫ `Repeat` (repetición automática).
⓬ `Ecualizador` (opción para visualizar el ecualizador).

⑬ `Playlist` (activa la lista de reproducciones).
⑭ Menú de opciones (para acceder a la configuración y a otras utilidades).

En el sector donde se informa de la duración del archivo (**2**), contamos con dos estilos de información diferente. La predeterminada nos informa sobre el progreso, en tiempo, de la reproducción; pero, realizando un clic, podremos observar cómo esta modalidad cambia e informa, con una cuenta regresiva, la cantidad de tiempo que falta para finalizar la reproducción. Además, para modificar esta información, podemos utilizar la combinación de teclas `CONTROL+T`.

Winamp proporciona dos estilos diferentes de visualización (**3**) en su ventana principal. El estilo original muestra el famoso spectrum, pero también incluye un atractivo osciloscopio (que se muestra en la **Figura 1**). Para alternar entre uno y otro, sólo debemos hacer un clic sobre el último. También podemos desactivar la visualización con otro clic.

***Figura 1.** El osciloscopio (debajo de la duración del tema).*

En el cuadro donde se aprecia el nombre y la duración de la canción que se está reproduciendo (**4**), también se incluyen otras funciones, como la posibilidad de editar los tags. Para acceder a éstas, simplemente hay que realizar un doble clic sobre este cuadro (o presionar la combinación `ALT + 3`).

El balance (**6**) es la herramienta con la cual podremos especificar qué parlante deseamos utilizar: derecho, izquierdo o ambos.

Como en cualquier reproductor (ya sea digital o no; un walkman, una videocasetera o un equipo de música), podremos utilizar los controles de reproducción (**8**) para saltar al próximo tema, retroceder uno, pausar la reproducción, comenzarla, reanudarla o finalizarla. En la **Figura 2** se muestran estos controles.

Figura 2. *Controles de reproducción de Winamp.*

Existe otra forma de visualizar el reproductor de una manera más compacta, ideal para no ocupar espacio en el Escritorio. Permite apreciar la misma información que en el estilo completo y está disponible para la lista de reproducciones y para el ecualizador. Ésta se muestra en la **Figura 3**.

Figura 3. *Otra visualización del reproductor.*

El ecualizador

Para activar el uso del ecualizador debemos presionar el botón ON, ubicado en la parte superior izquierda. Junto a éste encontraremos otro llamado AUTO, que, cuando está habilitado, permite a Winamp reconocer en cada reproducción el estilo musical y modificar los valores necesarios para dicho estilo. Estos valores se encuentran en la información adjunta de cada archivo, en el campo **Genre**.

En la **Figura 4** puede verse el ecualizador.

CURIOSIDADES

USO DE DRAG & DROP

Una importante característica de Winamp es que incluye soporte para el uso de Drag & Drop, lo que permite reproducir fácilmente un tema con sólo arrastrarlo hasta el reproductor. Esta función está también disponible para la lista de reproducciones.

PARA VISUALIZAR EL ECUALIZADOR

Si el ecualizador no se encuentra disponible, presionamos el botón EQ de la interfase principal del reproductor.

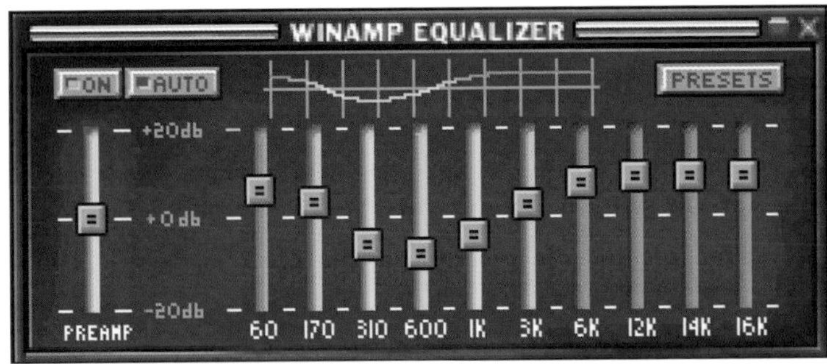

Figura 4. El ecualizador cuenta con la representación gráfica de los valores seleccionados.

Estilos predeterminados

El ecualizador gráfico permite modificar los distintos niveles de frecuencia con que se realiza la reproducción. De esta manera es posible la personalización según nuestro gusto musical; para ello, Winamp incluye una lista con diferentes estilos predeterminados (rock, pop, reggae, techno, dance, etc.). Además, si nuestro gusto no está representado entre los predeterminados, podemos crear nuestro propio estilo modificando las frecuencias, y grabarlo junto a los otros estilos. Estas opciones se encuentran dentro del menú, a través del botón `Presets`.

Otras variantes permiten eliminar algún estilo incluido o establecer alguno por *default* (predeterminando). La **Figura 5** muestra la pantalla para estas acciones.

Figura 5. Determinación de estilos.

La lista de reproducciones (Playlist)

Ésta es una de las opciones más interesantes que brinda Winamp. Resulta ideal para quienes cuentan con grandes colecciones de archivos MP3, ya que permite crear listas donde incluir las canciones por reproducir, en el orden deseado, por gusto musical o cualquier otro parámetro. Veamos la **Figura 6**.

Figura 6. *La información proporcionada por la lista de reproducciones es muy útil.*

En la lista de reproducciones podremos observar el número de orden dentro de la lista, el nombre del artista y de la canción, y la duración. Otros controles incluidos permiten manejar la reproducción, añadir o eliminar canciones, realizar distintas selecciones y acceder a opciones extra.

Si realizamos un clic con el botón derecho del mouse sobre cualquiera de sus temas, hallaremos diferentes funciones que también se encuentran en los botones ubicados en la parte inferior. Todo esto puede verse en la siguiente **Guía Visual**.

GUÍA VISUAL 4. Información adicional

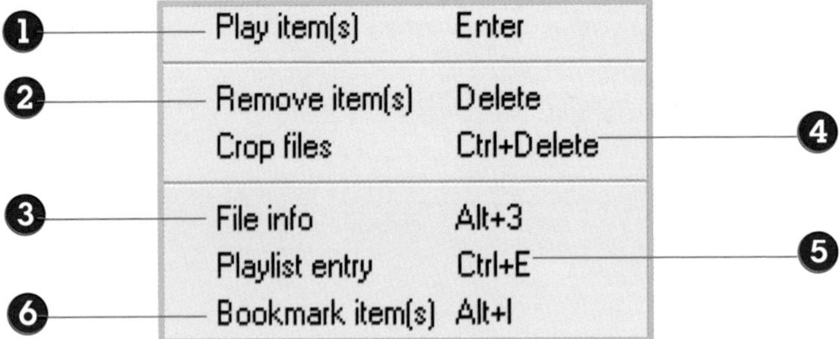

❶ Reproduce el ítem seleccionado.
❷ Elimina el ítem seleccionado.
❸ Muestra información adicional sobre el archivo.
❹ Elimina de la lista todos los ítems, menos el o los archivos seleccionados.
❺ Modifica la información mostrada en la lista de reproducciones.
❻ Añade el o los ítems seleccionados a los Favoritos.

Añadir temas a la lista de reproducciones

El primer botón, llamado ADD, permite añadir archivos a la lista de reproducciones. Haciendo un clic sobre éste, se despliega un menú con tres opciones (puede verse en la **Figura 7**).

Figura 7. *Pantalla de opciones para añadir temas a la* **Playlist**.

Con la primera, ADD URL, se puede incorporar una canción ubicada en una página web (ver **Figura 8**).

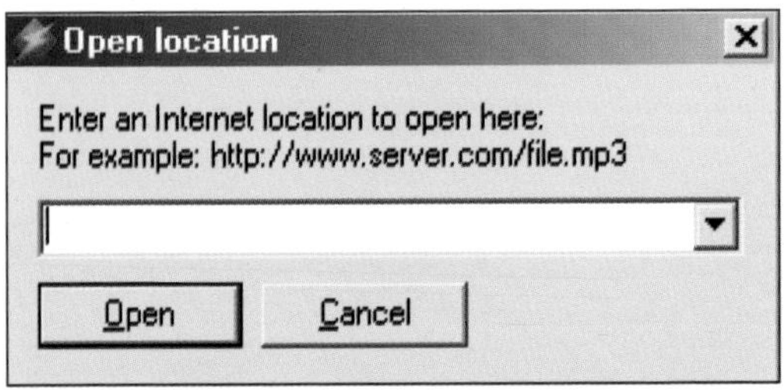

Figura 8. *La opción* ADD URL.

La segunda, **ADD DIR**, nos da la posibilidad de agregar a un directorio en el que se encuentren almacenadas las canciones. Para ello, utilizamos el explorador proporcionado hasta encontrar el directorio correspondiente, y luego, para confirmar, presionamos **Aceptar**. Esto puede verse en la **Figura 9**.

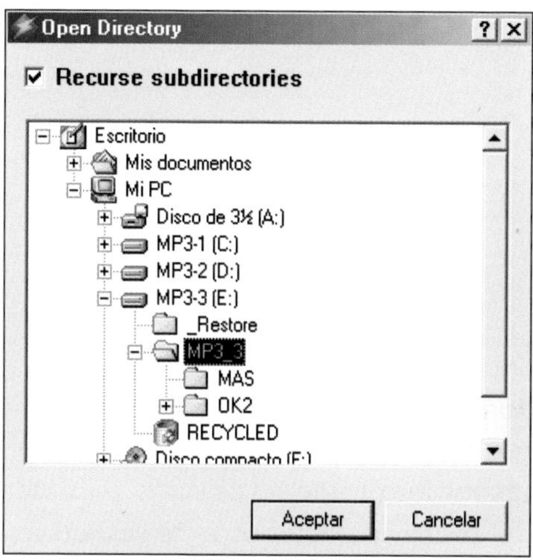

Figura 9. *Opción* **ADD DIR.**

Pero la lista de reproducciones no sólo permite incluir una dirección o un directorio. También puede incorporar canciones que se encuentran dispersas en diferentes unidades o carpetas. Para ello deberemos utilizar la tercera opción, **ADD FILE** (ver **Figura 10**). Ésta presenta nuevamente un explorador, pero con opciones adicionales para seleccionar diferentes ubicaciones. Simplemente basta con utilizar el mouse para elegir las canciones deseadas o incluir un grupo de archivos. Si mantenemos apretada la tecla **SHIFT**, es posible seleccionar un grupo de canciones continuas, y, si deseamos agregar varias del mismo directorio pero no continuas, debemos mantener apretada la tecla **CTRL** mientras con el mouse elegimos cada archivo.

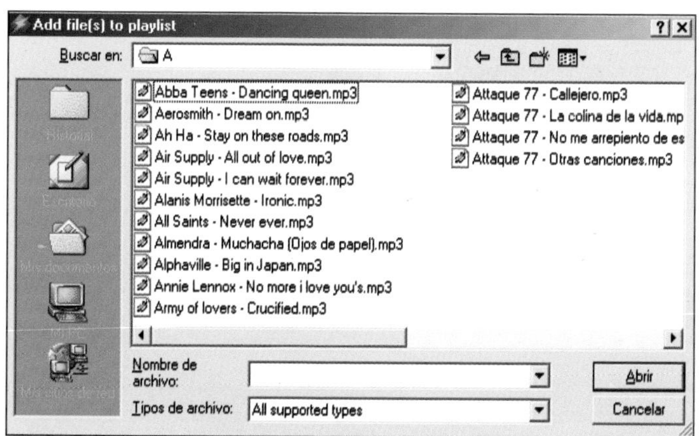

Figura 10. *Opción* **ADD FILE.**

Remover elementos

El segundo botón, **REM**, ofrece distintas alternativas para remover elementos de la lista. Nuevamente, para acceder a su menú, hacemos un clic sobre él.

GUÍA VISUAL 5. Pantalla de opciones para remover elementos de Playlist

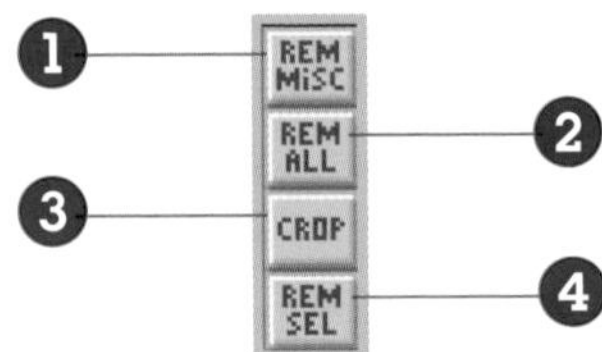

❶ El primer botón del menú, **REM MISC**, nos ofrece dos opciones: la primera, **Remove all dead files**, permite eliminar todas las canciones que ya no se encuentran en alguna unidad o que han modificado su ubicación. Es ideal para mantener la lista constantemente actualizada. La segunda es **Physically remove selected file(s)**, con la que hay que tener cuidado, ya que elimina una canción de la lista y de la ubicación donde se encuentra almacenada.

❷ **REM ALL** se encarga de "limpiar" la **Playlist** eliminado de ella todos los elementos.

❸ Luego le sigue **CROP**, que elimina todas los elementos de la lista que no se encuentran seleccionados.

❹ Por último, **REM SEL** elimina todos los temas seleccionados de la lista.

La selección

Para realizar diferentes tipos de selección se emplea el tercer botón, denominado **SEL**.

GUÍA VISUAL 6. Pantalla de opciones para seleccionar elementos de Playlist

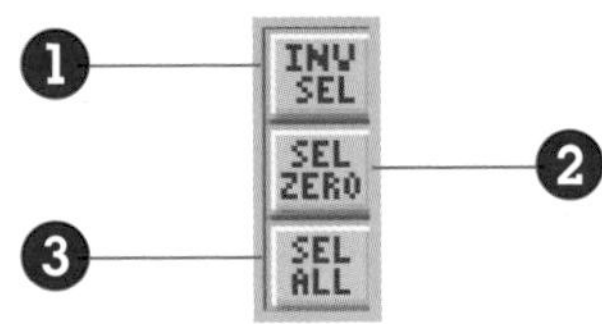

OTRA FORMA DE SELECCIONAR

Para la selección, podemos utilizar el mismo método que el empleado para añadir: se lleva a cabo una selección de temas continuos o en diferentes órdenes.

❶ La primera opción, **INV SEL**, permite invertir la selección realizada.
❷ **SEL ZERO** desmarca la selección hecha.
❸ **SEL ALL** selecciona, en un simple paso, todos los ítems incluidos en la lista.

Más opciones

Dentro del menú **Misc**, hallaremos acceso a las opciones más interesantes.

GUÍA VISUAL 7. Opciones del menú Misc

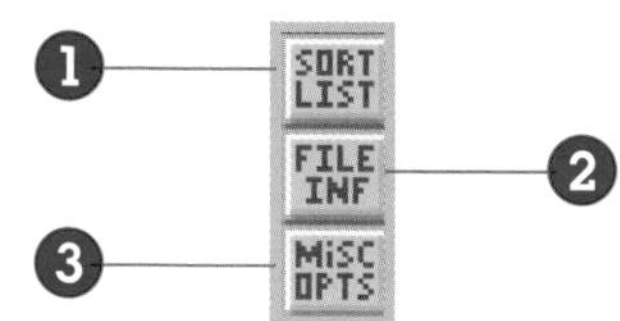

❶ El botón **Sort list** despliega una serie de alternativas para modificar el orden de la lista. **Sort list by title**: ordena la lista según el título de cada archivo.
Sort list by filename: la ordena según el nombre de los archivos de cada item.
Sort list by path and filename: se encarga de ordenar la lista por el nombre del archivo de cada tema, pero teniendo en cuenta su ubicación dentro de las unidades.
Reverse list: invierte el orden de la lista.
Randomize list: mezcla aleatoriamente el orden de reproducción de la lista.
❷ El segundo botón, **File inf**, presenta diferentes opciones:
File inf: permite observar la información contenida sobre el tema, y proporciona un completo editor de tags (véase **TAGS**, más adelante). La información contenida es amplia: nombre del artista, de la canción, año en que fue producida, CD del que proviene, género musical, comentarios adicionales y datos técnicos.
Playlist entry...: modifica la información que se ve en la lista de reproducciones.
❸ **MISC OPTS** ofrece más alternativas:
New list: permite crear una nueva lista de reproducciones.
Save list: guarda la lista. Esta opción resulta muy interesante para quienes hayan creado listas de reproducciones según distintos géneros musicales, artistas o cualquier otro criterio de selección.
Load list: carga y abre una lista de reproducciones.

DATOS ÚTILES

DOS NUEVAS OPCIONES

El botón **MIS OPTS** presenta dos nuevas opciones: **Generate HTML Playlist** (crea un archivo **HTML** con el contenido de la lista de reproducciones) y **Read extended info on selection.**

Winamp Browser

Como si fuera poco, además de funcionar como un completo y potente reproductor, Winamp ha incluido en sus más recientes versiones un browser para la Web. Éste utiliza el engine de Internet Explorer, y es de un manejo muy sencillo.

GUÍA VISUAL 8. Winamp Browser

❶ y ❷ Botones para retroceder y adelantar una página.
❸ Detiene la carga de una página.
❹ Vuelve a cargar una página.
❺ Para abrir una dirección; despliega dos opciones:

`Update links`: se encarga de actualizar los diferentes enlaces que proporciona Winamp.
`Open Internet Location`: abre una nueva ventana en la que debemos ingresar la dirección de la página web que queremos abrir.

Tags

Para hacer una breve introducción sobre todos los secretos de Winamp, es importante conocer qué es un tag. Un tag hace referencia a la información adicional disponible sobre cada tema. Esta información es utilizada para varios propósitos: el primero y fundamental es el de mostrar la información correcta en el momento de la reproducción; también tiene el fin de conseguir información adicional, información sobre legalidad, y varios datos técnicos. Otra cosa para destacar es que actualmente se encuentran disponibles dos versiones de tags: ID3v1 y ID3v2. Esto es algo importante para tener en cuenta, ya que algunos reproductores u otro tipo de aplicaciones sólo incluyen soporte para la primera versión, a diferencia de los más modernos que abarcan ambos. La principal diferencia entre ID3v1 e ID3v2 es que esta última ofrece mayor cantidad de caracteres para ingresar los diversos datos, así como más campos de información adicional.

Winamp incluye una práctica utilidad para añadir o modificar información contenida en los tags. Se accede a ella mediante **MISC\FILE INF\File info...**, o simplemente presionando la combinación de teclas **ALT+3**.

GUÍA VISUAL 9. Información sobre los tags

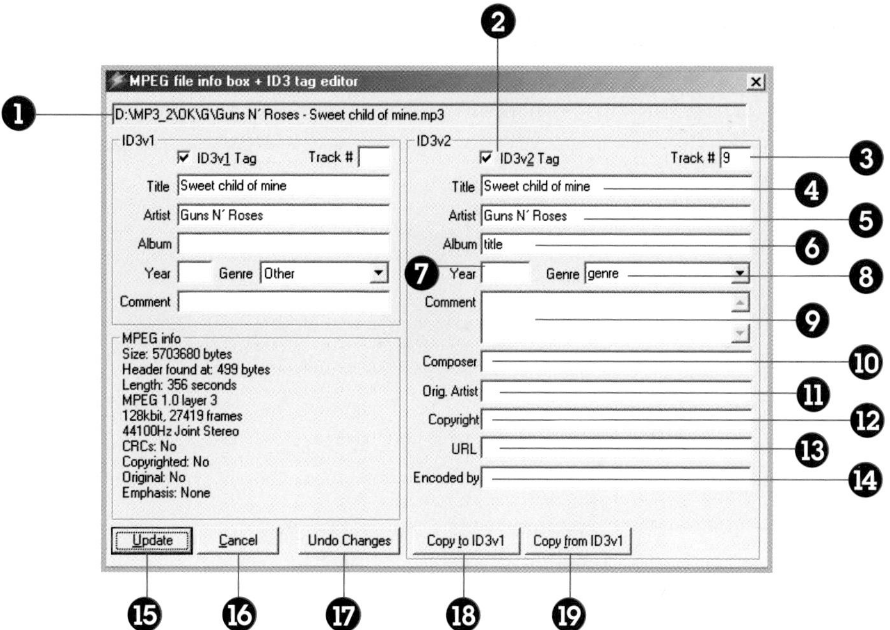

❶ Ruta donde se encuentra almacenado el archivo.
❷ Versión de tag.
❸ Número de track.
❹ Título de la canción.
❺ Nombre del artista.
❻ Álbum del cual proviene la canción.
❼ Año de edición.
❽ Género musical.
❾ Comentarios adicionales.
❿ Compositor.
⓫ Artista original.

⓬ Información sobre Copyright.
⓭ URL (dirección de la que se obtuvo el archivo).
⓮ Persona responsable de la codificación.
⓯ Botón para efectuar los cambios realizados.
⓰ Botón para salir del editor sin guardar los cambios realizados.
⓱ Botón para cancelar los cambios realizados.
⓲ Copia la información contenida en ID3v2 tag, en ID3v1 tag.
⓳ Obtiene la información de ID3v1 tag y la copia en los campos de ID3v2 tag.

Winamp Menú

El menú que presenta Winamp es fundamental para acceder a la configuración de los distintos componentes, además de para poder personalizar varios aspectos.

En este menú encontraremos diferentes posibilidades para la reproducción, para ver información adicional sobre el tema, acceder a los favoritos, seleccionar los componentes que se desean visualizar, etc.

GUÍA VISUAL 10. Menú Winamp

1 Nullsoft Winamp...
2 Play
3 View file info Alt+3
4 Bookmarks
5 Main Window Alt+W / Playlist Editor Alt+E / Equalizer Alt+G / Minibrowser Alt+T
6 Options
7 Playback
8 Visualization
9 Skins
10 Exit

❶ Información adicional sobre Winamp (datos de la empresa, créditos, atajos de teclado, etc.).
❷ Controles de reproducción.
❸ Información sobre el archivo seleccionado.
❹ Acceso a las canciones favoritas: `Bookmarks`.

❺ Para visualizar los diferentes componentes de Winamp.
❻ Opciones de configuración.
❼ Controles avanzados de reproducción.
❽ Acceso a opciones de visualización.
❾ Acceso a las opciones de las skins.
❿ Cierra Winamp.

En los controles de reproducción (**2**) se observan éstos incluidos en la ventana principal; pero además, añade accesos directos para reproducir desde alguna unidad de CD o desde los `Bookmarks`.

Seleccionando cada una de las opciones del punto **5**, podremos visualizar los componentes de Winamp.

Winamp Options

GUÍA VISUAL 11. Menú Options de Winamp

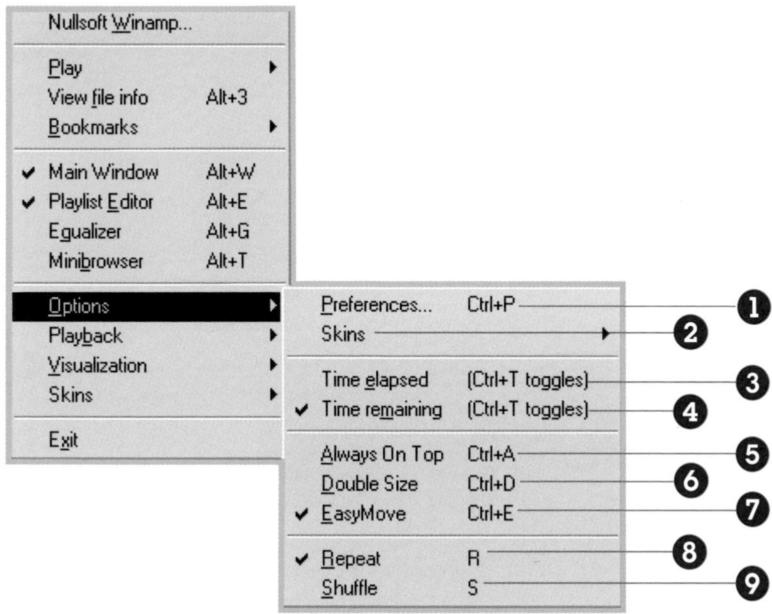

❶ Acceso a configuraciones generales de Winamp.
❷ Administrador de skins.
❸ Muestra en la pantalla principal el tiempo transcurrido de reproducción.
❹ Indica el tiempo restante de reproducción.

❺ Coloca a Winamp sobre cualquier otra aplicación en pantalla.
❻ Duplica el tamaño de Winamp.
❼ Facilita el desplazamiento.
❽ Activa la opción **Repeat**, que permite recomenzar la reproducción automáticamente al finalizar la reproducción actual.
❾ Activa la opción de **Shuffle**, que reproduce el contenido de la lista de reproducciones aleatoriamente.

Opciones de configuración

Winamp Preferences

Esta opción permite realizar cambios generales relacionados con el funcionamiento y con aspectos adicionales de Winamp.

Este cuadro presenta un variado número de opciones por configurar. A continuación, analizaremos cada una de estas opciones para onfigurar Winamp a fondo.

GUÍA VISUAL 12. Setup menú

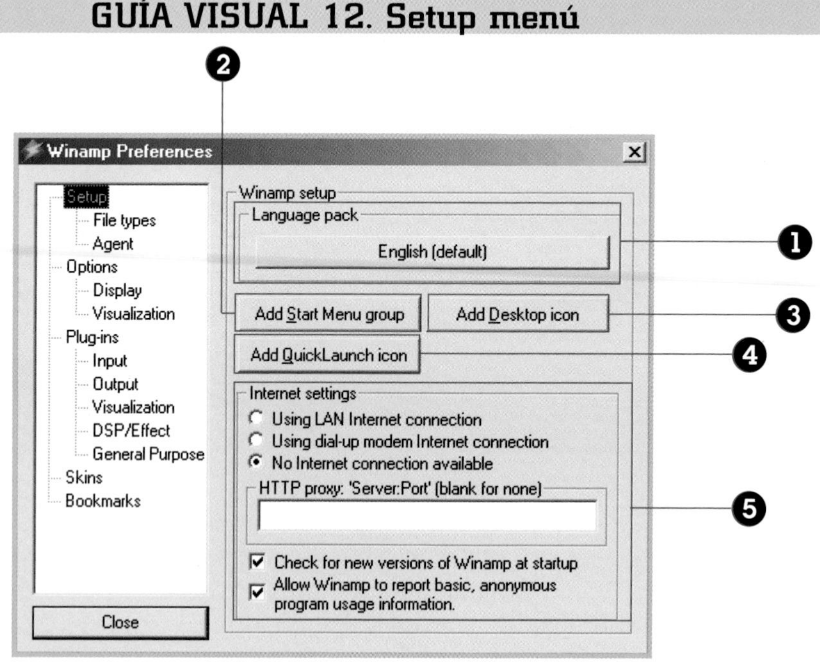

❶ Permite seleccionar el idioma.
❷ Agrega un nuevo grupo de Winamp en el menú **Inicio**.
❸ Incluye un ícono de Winamp en el Escritorio.

❹ Coloca un ícono de acceso directo a Winamp en la barra tray.
❺ Opciones relacionadas con Internet. Este servicio permite obtener información adicional sobre las reproducciones y mantener un contacto con los desarrollares para conocer las versiones más recientes u obtener mayor información sobre éste y otros servicios

Plug-ins

Los plug-ins son considerados de gran valor agregado para Winamp, ya que con ellos podremos encontrar variados efectos de visualización, efectos especiales para añadir a las reproducciones y más.

GUÍA VISUAL 13. Opciones

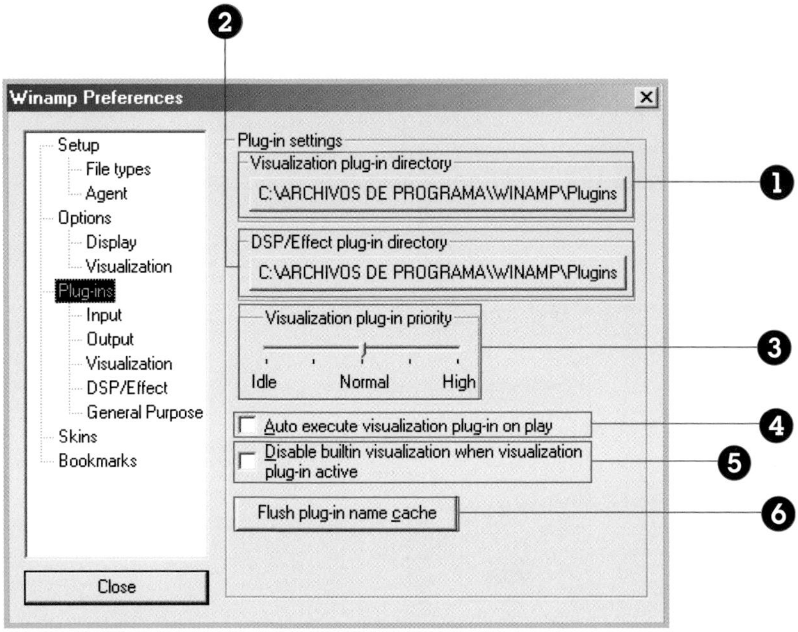

❶ Especifica en qué carpeta se almacenan los plug-ins de visualización.
❷ Especifica la carpeta en donde se almacenan los plug-ins de efectos.
❸ Define la prioridad de recursos en la utilización de los pug-ins de visualización.
❹ Ejecuta automáticamente un plug-in de visualización en el momento en que se reproduce un archivo.
❺ No ejecuta las visualizaciones predeterminadas (el analizador de espectro o el osciloscopio), si se ha seleccionado previamente un plug-in de visualización para utilizar.
❻ Carga ciertas características del plug-in en la caché para alivianar su reproducción (en algunas ocasiones, éstos requieren grandes cantidades de recursos del sistema).

GUÍA VISUAL 14. Plug-ins/Input

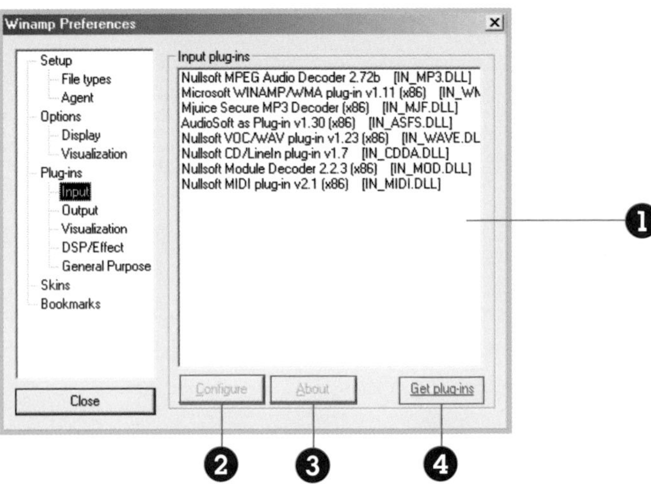

❶ Ventana con los plug-ins instalados, con sus diferentes estilos de visualización.
❷ Este botón permite configurar las opciones individuales de cada uno.
❸ Obtiene mayor información sobre el plug-in (datos sobre sus autores o la fecha en la que ha sido desarrollado).
❹ Enlace a la página de Winamp, que permite conseguir plug-ins adicionales para descargar libremente.

GUÍA VISUAL 15. Plug-ins/Output

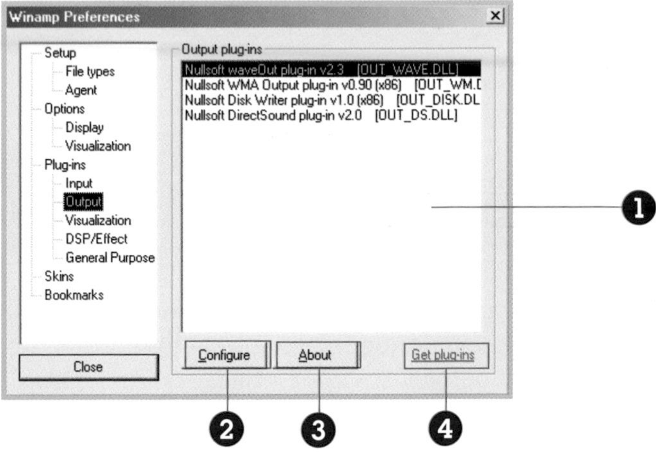

❶ Ventana que muestra los plug-ins instalados.
❷ Opciones de configuración para cada plug-in.
❸ Mayor información sobre cada plug-in.
❹ Link que permite conseguir más plug-ins.

GUÍA VISUAL 16. Plug-ins/Visualization

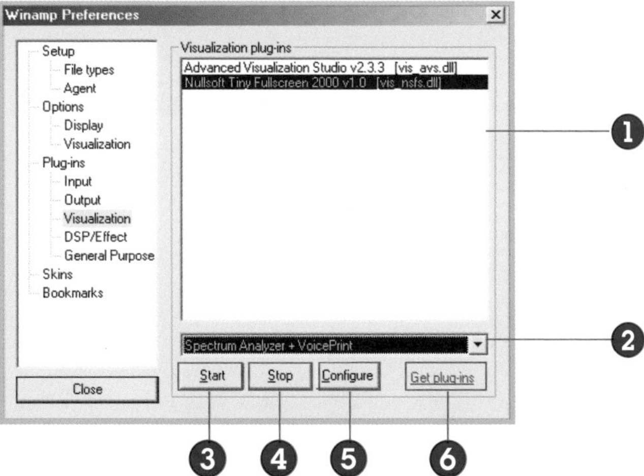

❶ Ventana con los plug-ins instalados.
❷ Módulos incluidos dentro de los plug-ins.
❸ Botón para comenzar a reproducir el plug-in.
❹ Botón que detiene la reproducción del plug-in.
❺ Botón para configurar el plug-in.
❻ Link para conseguir más plug-ins.

GUÍA VISUAL 17. Plug-ins/DSP/Effect

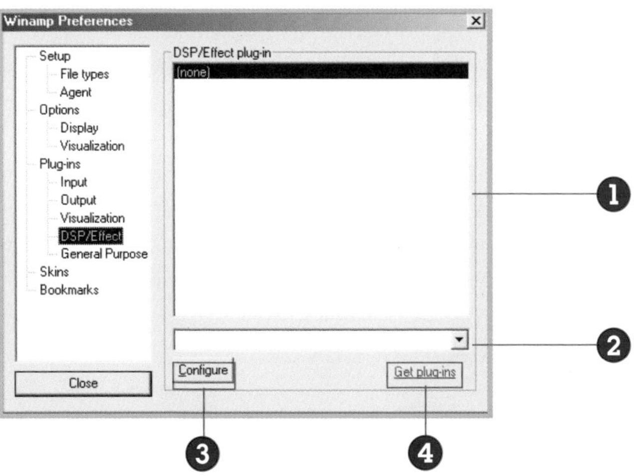

❶ Ventana con los plug-ins instalados.
❷ Módulos incluidos en los plug-ins.
❸ Configuración individual de los plug-ins.
❹ Link para obtener más plug-ins.

GUÍA VISUAL 18. Plug-ins/General Purpose

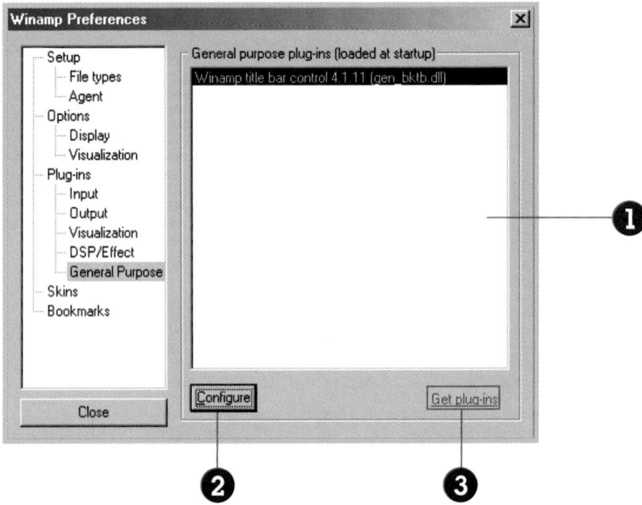

❶ Listado con los plug-ins instalados.
❷ Opciones de configuración individual para los plug-ins.
❸ Link que permite conseguir otros plug-ins.

Utilización de plug-ins

Para comenzar a utilizar los plug-ins, sólo basta con instalarlos. Por defecto, muchos de ellos detectan automáticamente en qué directorio debe realizarse su instalación. De no ser así, simplemente debemos copiar o instalar los archivos necesarios en la carpeta donde por defecto éstos se almacenan. (Ej: `C:\Archivos de programa\Winamp\Plug-ins\`)

Los plug-ins desarrollados para utilizar en Winamp abarcan diversos aspectos. Algunos son utilizados para agregar efectos de visualización, otros permiten añadir utilidades como la posibilidad de acceder a un despertador; también nos facilitan la modificación de los controles de reproducción y su inserción en las barras de cualquier ventana, o mejoras en la calidad de audio. Para ello, Winamp se encarga de organizarlos en diferentes categorías. Éstas son:

Input
Éstos permiten, en su mayoría, agregar soporte para nuevos formatos y otras opciones.

Output
Agregan nuevas funciones de reproducción.

Visualization
Proveen de efectos visuales que acompañan a la reproducción; éstos son los más populares.

DSP/Effect
Mejoran la calidad de sonido o agregan efectos.

General Purpose
Permiten ofrecer nuevos controles, modificar el lenguaje de Winamp y más.

Visualizaciones

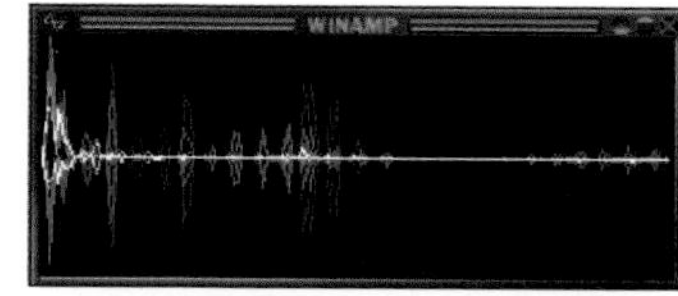

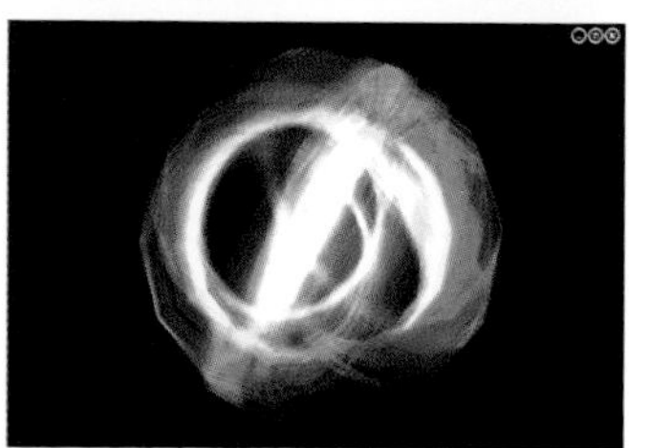

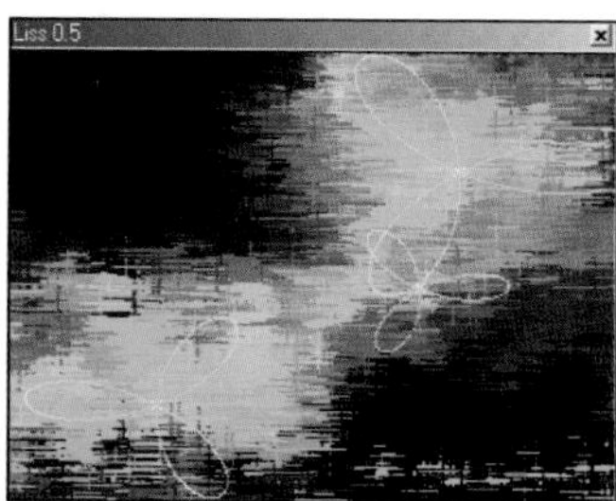

Probablemente, al utilizar diversos plug-ins, notaremos que muchos de ellos poseen un ícono distinto representado por un sombrero con la pluma. Éstos detectan y reconocen automáticamente la ubicación donde deben ser instalados, facilitando así su utilización.

El proceso de instalación de un plug-in es bastante sencillo; sobre todo si se cuenta con los que automáticamente reconocen su destino para la instalación. Simplemente hay que seleccionar el plug-in que se instalará y éste nos presentará una pantalla como la siguiente.

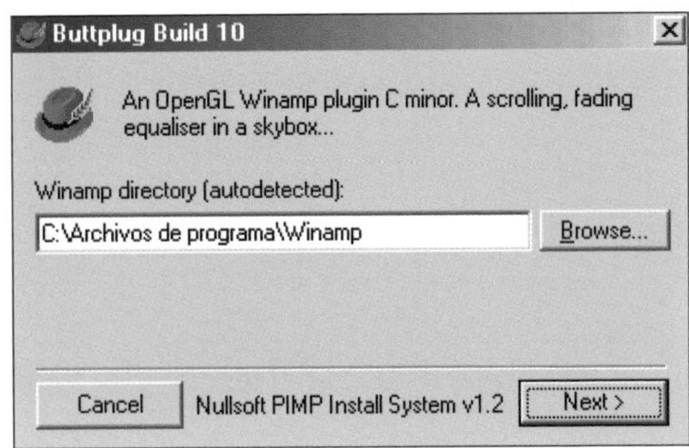

Figura 11. *Para continuar presionaremos el botón **Next** comenzará la instalación.*

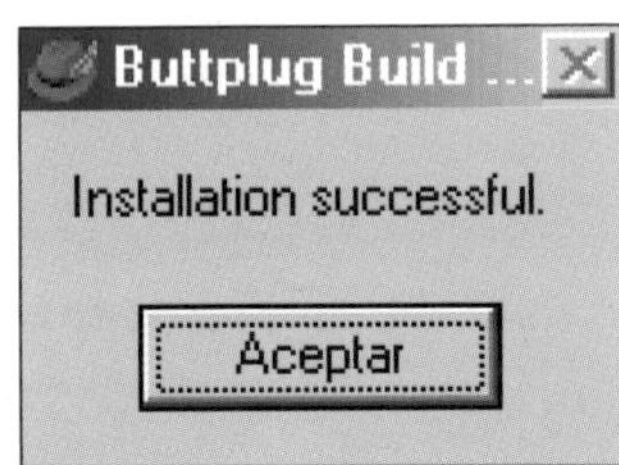

Figura 12. *Al finalizar, un recuadro informará que la instalación se ha realizado con éxito.*

DSP/Effects

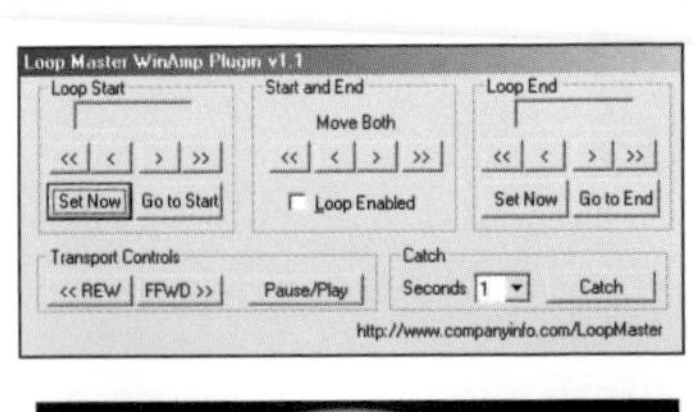

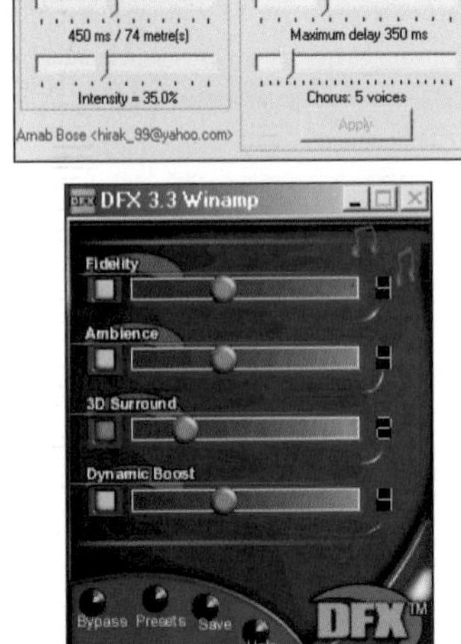

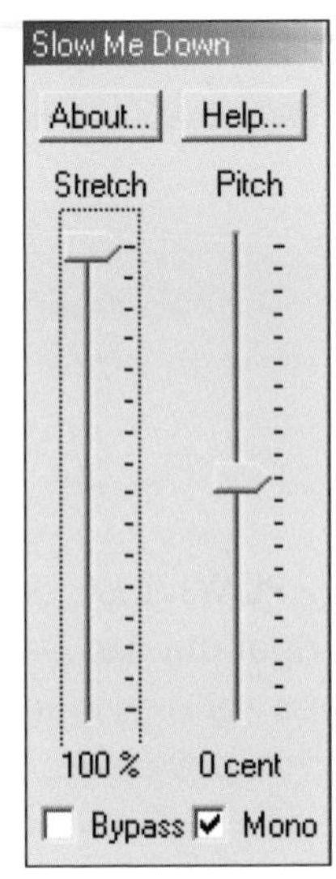

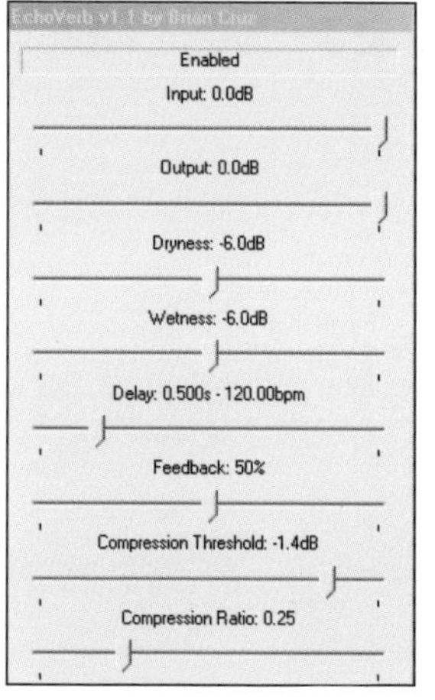

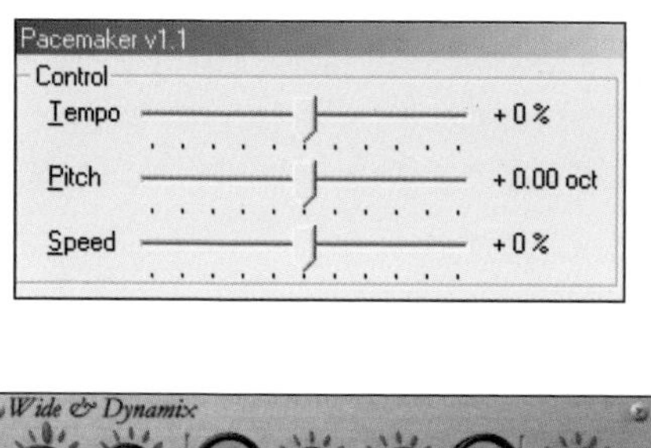

Generales

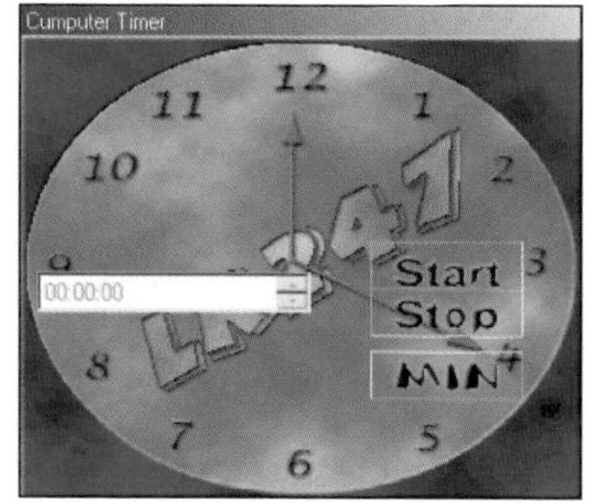

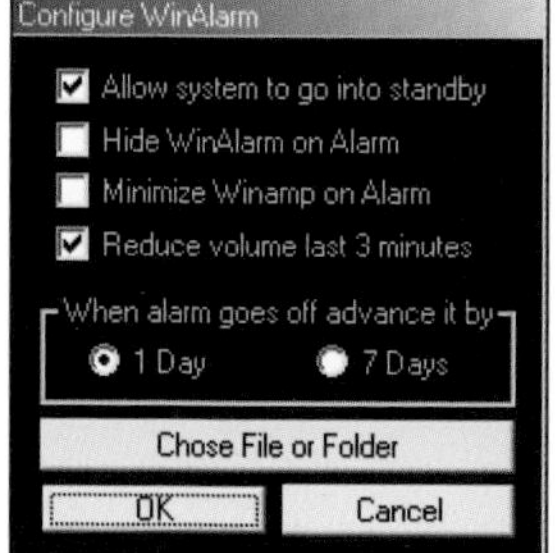

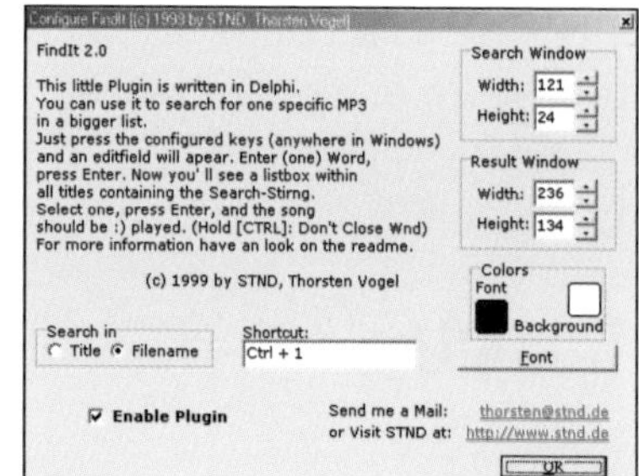

Otras aplicaciones para reproducir un MP3

PLAY!ZILLA

Empresa: MyNetMedia.com
Sitio web: www.mynetmedia.com
SO: Windows 9x/Me
Idioma: inglés
Licencia: freeware

PLAY!ZILLA es una completa aplicación cuya principal utilidad es la reproducción de archivos musicales –entre los que podemos encontrar los formatos más populares, como WAV, MP3 y CDs de audio–. Pero, además, puede ser utilizado como un completo administrador de archivos que permite, incluso, grabar CDs desde archivos o extraer información adicional sobre cualquier CD (a través del servicio CDDB). También contiene un completo ecualizador y una lista de reproducciones.

Power MP3Studio

Empresa: MicroSmarts
Sitio web: www.zipitfast.com
SO: Windows 9x/Me
Idioma: inglés
Licencia: freeware

Se trata de un novedoso reproductor de archivos MP3 que llama la atención por su interfase. Ésta puede ser modificada mediante las conocidas skins. El programa se distribuye de manera gratuita.

JukeItUp!

Empresa: JukeItUp!
Sitio web: www.jukeltup.com
SO: Windows 9x/Me
Idioma: inglés
Licencia: shareware

Permite utilizar un atractivo reproductor con forma de rocola, en donde se puede navegar por las diferentes carpetas almacenadas en el disco rígido o en cualquier otra unidad, para acceder a las canciones guardadas. Una vez que se muestran los temas disponibles, se puede seleccionar la cantidad deseada de canciones que queremos reproducir y el orden en que se hará. También es posible crear una completa lista de reproducciones.

UltraPlayer

Empresa: UltraCo
Sitio web: www.ultraplayer.com
SO: Windows 9x/Me
Idioma: inglés
Licencia: freeware

Este reproductor de archivos MP3 posee las mismas funciones que los programas más conocidos, pero utiliza muy pocos recursos del sistema. Incluye una lista de reproducción y la posibilidad de modificar su apariencia mediante skins; ecualizadores, soporte para CDDB, la facultad de realizar conversiones de archivos `MP3` en `WAV`, un sintonizador de estaciones de radio vía Internet y alarmas, entre otras cosas.

YeahPlayer

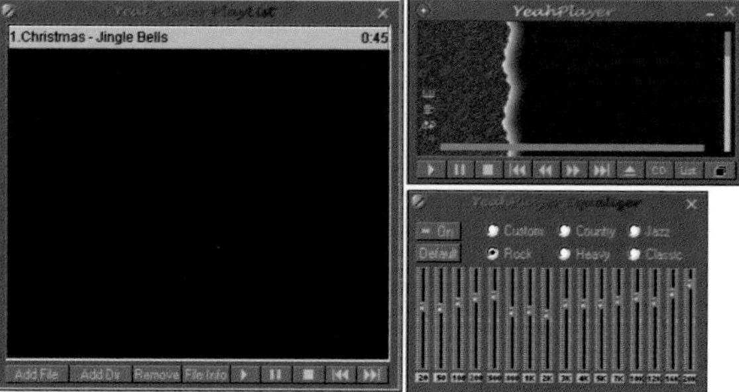

Empresa: YeahPlayer
Sitio web: www.yeahplayer.com
SO: Windows 9x/Me
Idioma: inglés
Licencia: shareware

Se trata de un novedoso reproductor que permite almacenar las letras de las canciones, para que éstas sean mostradas en el momento de reproducción. Además de reproducir archivos `MP3`, incluye soporte para archivos de video o CDs de audio. También posee un completo ecualizador de 20 bandas con varios estilos predefinidos, un editor de tags, soporte para plug-ins, y muchas herramientas más.

REQUERIMIENTOS BÁSICOS DE APLICACIONES

En sus primeras versiones, Winamp no incluye costosos equipos. Una máquina 486 DX/4 y 8 MB soportan a la perfección estas versiones.

Sonique

Empresa: Team Sonique
Sitio web: www.sonique.com
SO: Windows 9x/Me
Idioma: inglés o a elección
Licencia: freeware

El principal rival de Winamp en la competencia por ser el mejor reproductor de archivos MP3. Este programa se destaca por su interfase gráfica, que puede ser fácilmente modificada mediante skins. Además, incluye soporte para distintos archivos de audio, y también puede funcionar como reproductor de CDs. Asimismo permite seleccionar el idioma que deseemos para utilizarlo.

Quintessential Player

Empresa: Quinnware
Sitio web: www.quinnware.com
SO: Windows 9x/Me
Idioma: inglés
Licencia: freeware

Consiste en un reproductor de archivos MP3 y CDs de audio. Incluye una interfase gráfica atractiva y muy fácil de usar. Además, soporta CDDB, por lo que puede obtener información de los CDs vía Internet.

COOLPLAYER

Empresa: Niek Albers
Sitio Web: www.dransystem.com
SO: Windows 9x/Me
Idioma: inglés
Licencia: freeware

Posee las mismas funciones que los programas más conocidos, pero con la diferencia de que utiliza muy pocos recursos del sistema (lo que permite su reproducción, con cualquier otra aplicación, sin entorpecer el trabajo). Incluye una lista de reproducción, skins, ecualizadores y mucho más.

FAN Player

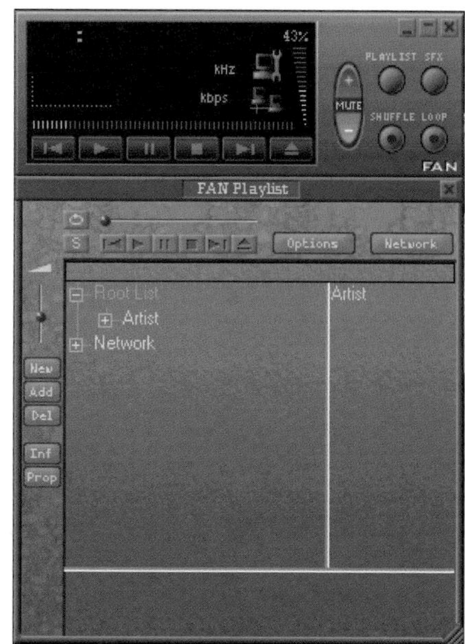

Empresa: AudioNet Software
Sitio web: www.freeaudio.net
SO: Windows 9x/Me
Idioma: inglés
Precio: $ 10

Un completo reproductor de archivos `MP3` similar a Winamp. Además de archivos `MP3`, incluye soporte para otros formatos como `WAV`, `MIDI` o `RealAudio`. También posee efectos incorporados (como Surround, Hi-Fi y Dynamic Boost, entre otros); y trae un ecualizador, una lista de reproducciones y la posibilidad de utilizar skins para modificar su apariencia.

SuperSonic

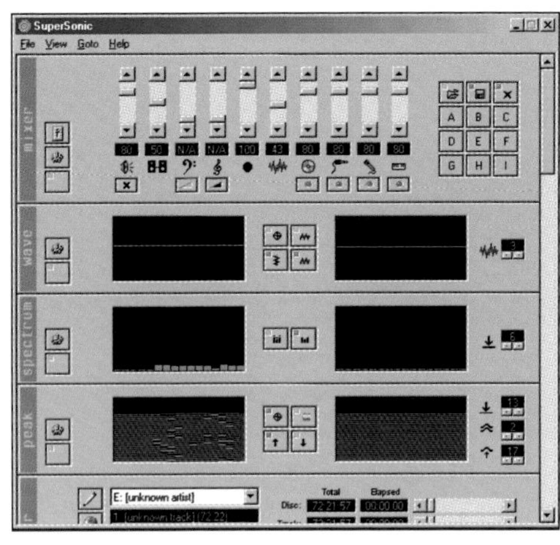

Empresa: Morton Software
Sitio web: www.gosupersonic.com
SO: Windows 9x/Me
Idioma: inglés
Precio: $ 39.95

Una de las aplicaciones más completas para la reproducción, edición y administración de música digital. Este programa incluye un completo mixer de diez bandas, tres estilos diferentes de visualización y un reproductor de CDs y archivos MIDI, MOD y WAV, además del popular MP3. También cuenta con un ecualizador, una herramienta para utilizar efectos y un editor de audio.

Whisset

Empresa: Software oHG
Sitio web: www.whisset.com
SO: Windows 9x/Me
Idioma: inglés
Precio: gratuito

Novedoso reproductor de archivos MP3 y otros formatos multimedia. Entre las cualidades que más se destacan se encuentra una completa lista de reproducciones, la posibilidad de modificar su apariencia mediante skins y el soporte para el uso de plug-ins. La principal característica de este programa es su simplicidad de uso, ya que desde su pantalla principal es posible acceder a todos los controles de reproducción de una forma sencilla y rápida.

Pulse player

Empresa: OpalNetworks
Sitio web: mp3.musichall.cz
SO: Windows 9x/Me
Idioma: inglés
Precio: gratuito

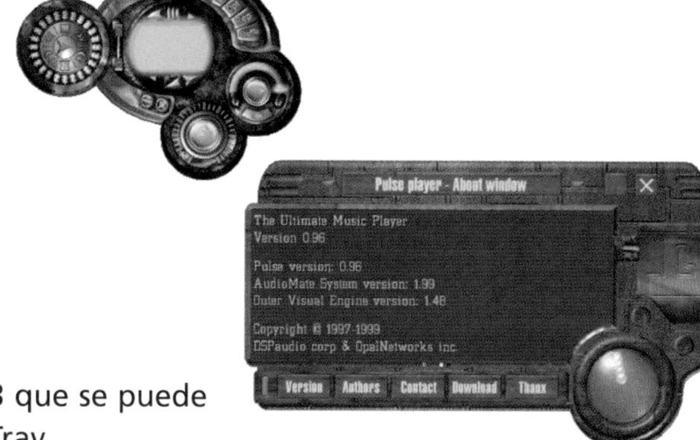

Un reproductor de archivos MP3 que se puede minimizar al tamaño de la barra Tray.

Pocas veces se encuentran aplicaciones tan llamativas como ésta. La principal virtud de este programa es la interfase gráfica que utiliza, con diferentes estilos de visualización y múltiples opciones adicionales. Cabe destacar la excelente calidad de sus representaciones gráficas con diferentes motivos. Incluye, además, la posibilidad de editar una completa lista de reproducciones.

FM Audio Player

Empresa: ATTUNE
Sitio web: www.fmaudio.net
SO: Windows 9x/Me
Idioma: inglés
Licencia: freeware

Un sintonizador de radios y reproductor de archivos MP3.

Uno de los reproductores más completos jamás probados. Con una interfase muy atractiva, similar a la de un equipo de audio verdadero, permite sintonizar, mediante su servicio web, diferentes estaciones de radio. Pero además, es capaz de reproducir un amplio número de formatos musicales, incluido el MP3. Se destacan su completo ecualizador y una interesante lista de reproducciones.

Winamp 3 ALPHA

Winamp se está renovando, y esta versión preliminar brinda una muestra de cómo será el próximo lanzamiento de este popular reproductor. Entre sus mejoras se destacan la interfase gráfica (que soportará skins de cualquier dimensión y estilo), los cambios en la lista de reproducciones y el agregado de un completo administrador un crossfader, el clásico navegador para la Web incoporado, y mucho más.

Figura 26.

Sin lugar a dudas, las nuevas características que se incluirán en la próxima versión pondrán más que contentos a muchos de sus usuarios.

Sin embargo, tal vez para otros, resulte complicada de utilizar, ya que no requerirá sólo de un equipo sencillo y modesto para correr, como en sus primeras versiones.

OFERTA VARIADA

La variedad de reproductores permite al usuario elegir desde complejas aplicaciones con las más diversas utilidades hasta las más sencillas, que se limitan a su función básica y consumen muy pocos recursos.

CAPÍTULO 3

Crear un MP3 y grabar CDs de audio con MusicMatch

Crear un MP3 parece algo complicado (codificación, decodificación, etc.). Sin embargo, en realidad, es una tarea bastante sencilla y posible de llevar a cabo en pocos pasos gracias a excelentes aplicaciones como MusicMatch Jukebox.

SERVICIO DE ATENCIÓN AL LECTOR
(54-11) 4959-5000 / lectores@tectimes.com

Crear un archivo MP3

MusicMatch es una completa aplicación que incluye variadas utilidades para reproducir, grabar y administrar archivos MP3, entre otras cosas.

Empresa: MusicMatch
Sitio Web: www.musicmatch.com
SO: Windows 9x/Me/2000
Idioma: inglés (también es posible encontrar versiones anteriores en español)
Precio: gratuito

Su uso es sencillo debido a su cuidada interfase, que ofrece la posibilidad de ser modificada mediante las conocidas skins.

Sin lugar a dudas, la utilidad más sobresaliente de esta aplicación es la que permite extraer las pistas de cualquier CD de audio y convertirlas en un archivo MP3. De esta manera da lugar a la selección de calidades, efectos y configuraciones especiales. También permite realizar conversiones entre distintos formatos de audio, administrar listas de reproducciones, crear completas colecciones musicales, recibir transmisiones vía Internet, y mucho más.

La instalación de MusicMatch Jukebox

En el CD-ROM que acompaña a este libro, podrán encontrar una versión de MusicMatch Jukebox para instalar. El proceso es muy sencillo:

Instalar MusicMatch Jukebox — Paso a paso

❶ La primera pantalla nos da la bienvenida a la instalación.

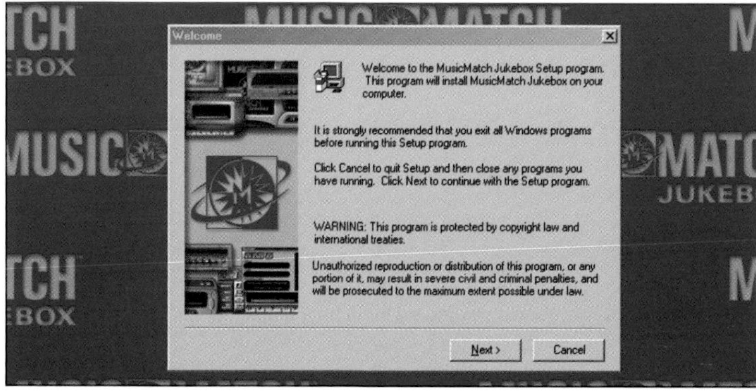

❷ Luego, el programa requiere el ingreso de información personal, como nombre, edad, dirección de correo electrónico, etc.

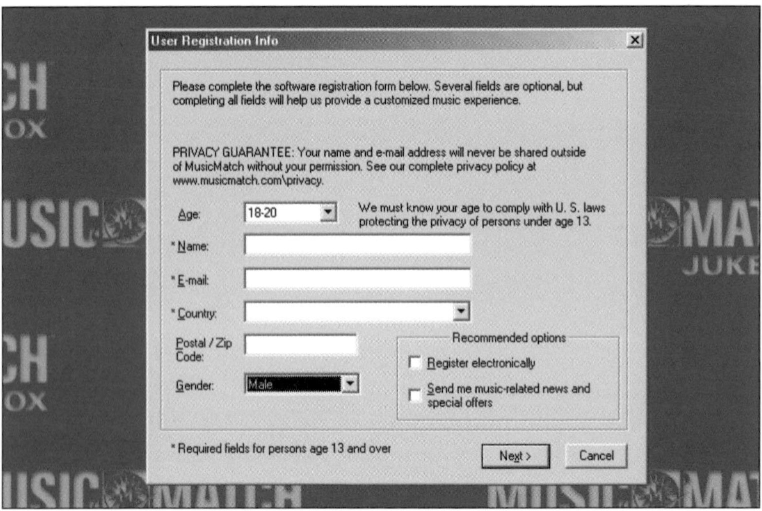

❸ Al finalizar el ingreso de los datos, ofrece dos tipos de instalación: **Express** o **Custom**. La primera está destinada a los usuarios con menores conocimientos, ya que el programa se encarga de instalar las opciones básicas y de realizar los cambios de forma automática. La segunda consiste en una instalación más personalizada; permite, por ejemplo, especificar en qué ubicación del disco rígido instalar MusicMatch, el nombre que le asignará al grupo que habrá que crear en el menú **Inicio**, dónde incluir íconos de acceso directo y si se lo instalará como reproductor predeterminado para diferentes formatos de audio.
Cualquiera sea nuestra selección, para comenzar con el proceso deberemos presionar sobre el botón **Next** hasta comenzar la instalación.

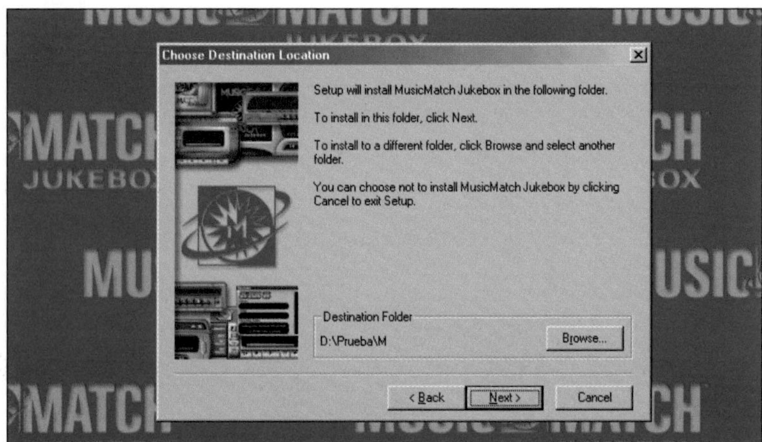

❹ En esta ventana es posible apreciar el progreso de la instalación.

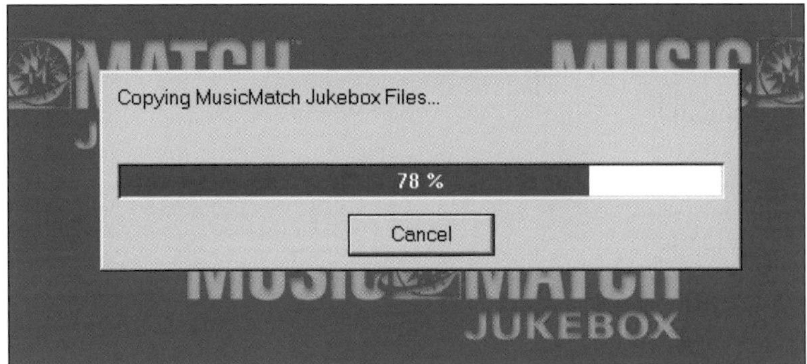

❺ Es la pantalla que informa que la instalación se ha completado sin inconvenientes. Tendremos la posibilidad de ejecutarlo en ese momento, si la casilla correspondiente se encuentra habilitada. Para finalizar el proceso, sólo deberemos presionar **Finish**.

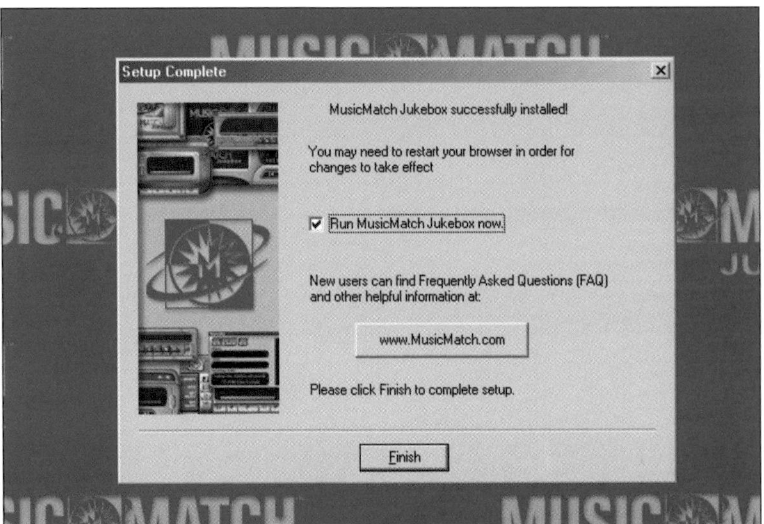

Una vez instalada la versión de MusicMatch Jukebox en nuestra PC, ya estamos listos para trabajar. Al abrir el programa, nos encontraremos con los siguientes elementos que conforman la pantalla principal (**Guía Visual 1**).

GUÍA VISUAL 1. Pantalla principal de MusicMatch Jukebox

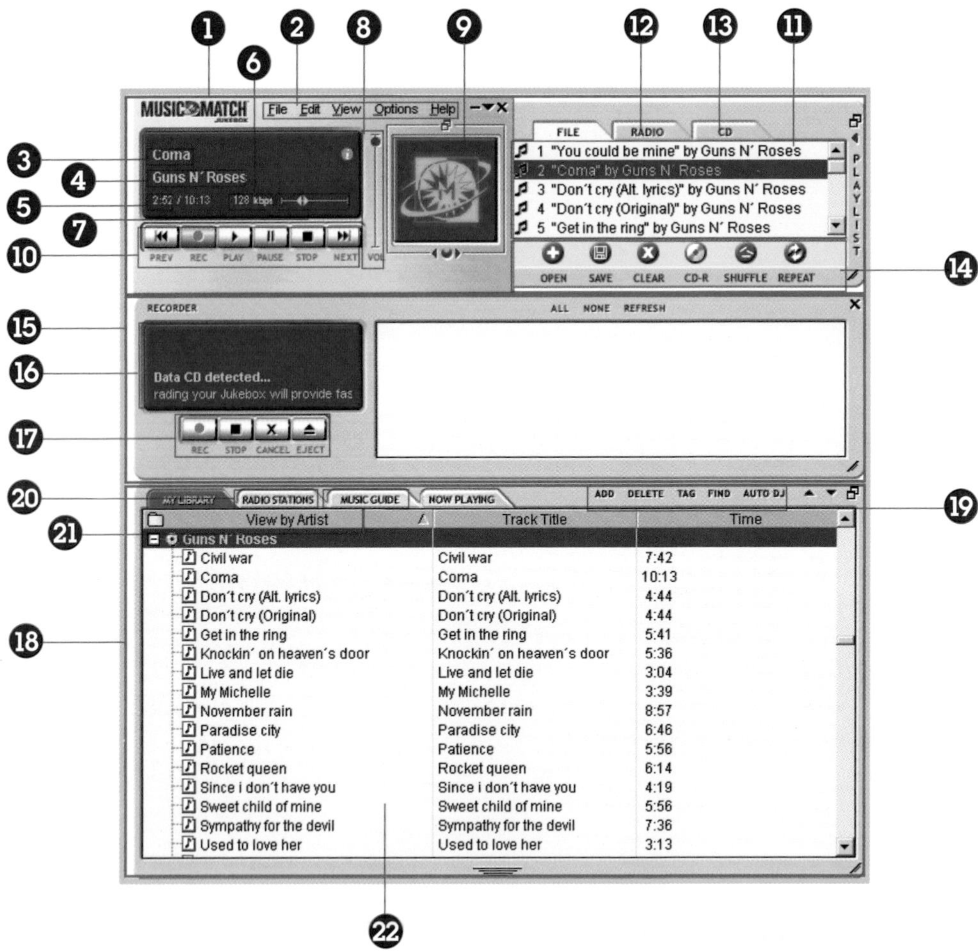

1. Player.
2. Barra de menúes.
3. Nombre de la canción.
4. Nombre del artista.
5. Duración de la canción.
6. Calidad de audio.
7. Barra de progreso.
8. Control de volumen.
9. Visualizaciones.
10. Controles de reproducción.
11. Playlist.
12. Radio.
13. CD.
14. Controles para la lista de reproducciones.
15. Recorder.
16. Información sobre el CD.
17. Controles de grabación.
18. Music Library.
19. Controles de Music Library.
20. Radio Stations (permite acceder a transmisiones radiales vía Internet).
21. MusicMatch Guide.
22. Track Information.

Reproducir un MP3 con MusicMatch

Los pasos para reproducir un archivo con MusicMatch son muy simples.

La reproducción de un MP3 — Paso a paso

1. En primer lugar, habrá que seleccionar el ícono **OPEN**, ubicado junto a los controles de la lista de reproducciones.

2. En la ventana que se abre, el programa requerirá que elijamos la ruta en donde se encuentra el archivo que deseamos reproducir. Si previamente poseemos la información cargada en nuestra Music Library, podremos acceder a ella de una forma más sencilla; de lo contrario, deberemos navegar por las unidades hasta encontrar el archivo deseado.

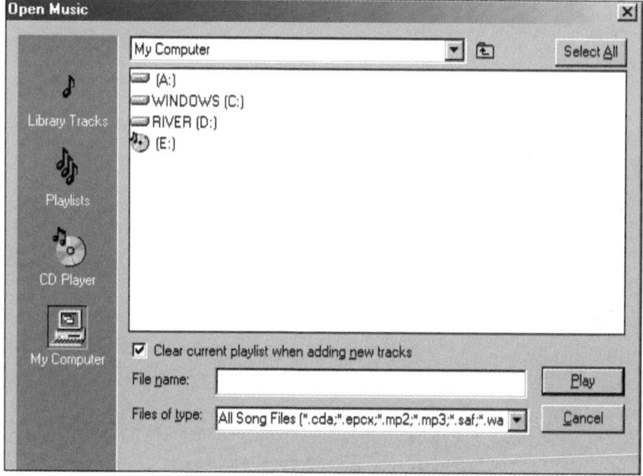

3. Para finalizar, habrá que seleccionar el archivo que deseamos reproducir, y presionar el botón **Play** o la tecla **ENTER**.

La lista de reproducciones

Al igual que los reproductores más convencionales (como Winamp), MusicMatch permite crear una lista de reproducciones totalmente personalizada. Con las listas de reproducciones se pueden confeccionar fácilmente diferentes listados por gustos musicales, género, etc.

Utilizar la lista de reproducciones — Paso a paso

❶ Primero, realizaremos los pasos anteriormente mencionados; pero, en lugar de seleccionar solamente un archivo, elegiremos todos los que deseemos reproducir, ya que MusicMatch incluye una opción para seleccionar varios de diferentes unidades.

❷ Luego habrá que inhabilitar la opción que borra las canciones incluidas en **Playlist**, y así podremos cargar nuestras canciones favoritas. Si queremos seleccionar algunos archivos del mismo directorio, deberemos mantener presionada la tecla **CTRL** mientras los seleccionamos.

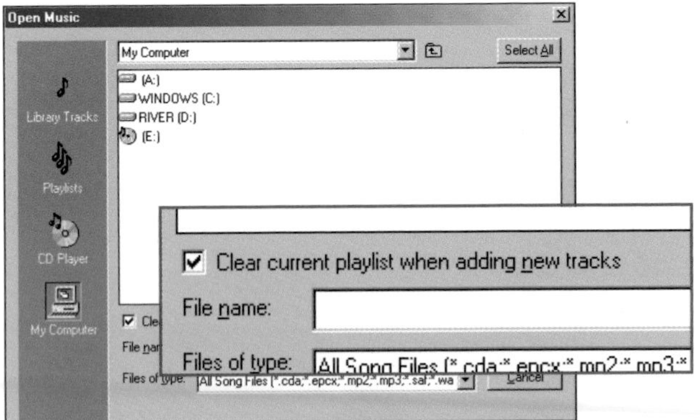

❸ Una vez que las canciones favoritas estén almacenadas en **Playlist**, se podrá acceder a la opción que permite grabar ese listado para utilizarlo en cualquier otra ocasión. Simplemente presionaremos **Save** en los controles de la lista y le asignaremos un nombre.

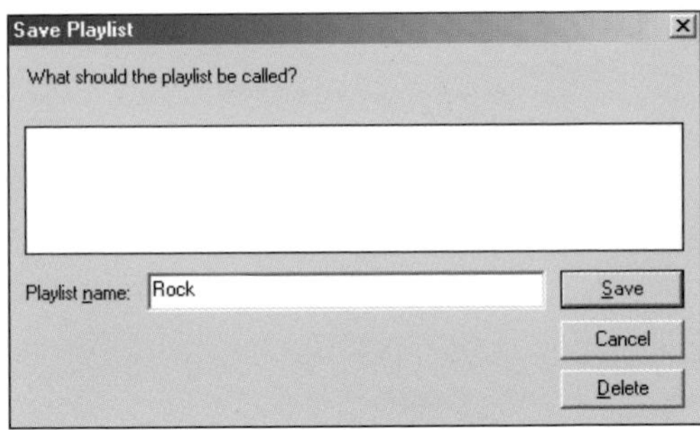

GUÍA VISUAL 2. Otros controles de la lista de reproducción

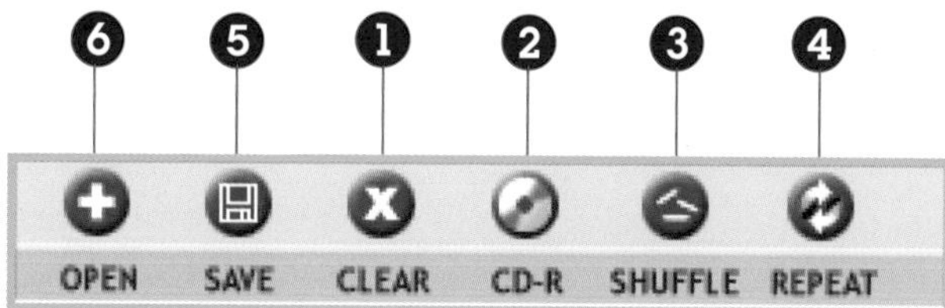

❶ CLEAR: para eliminar todos los elementos de Playlist.
❷ CD-R: para grabar un CD de audio con los MP3 de la lista de reproducciones.
❸ SHUFFLE: reproduce la lista en orden aleatorio.
❹ REPEAT: vuelve a reproducir la lista luego de ejecutar la última canción.
❺ Guarda la lista de reproducciones.
❻ Abre una lista de reproducciones.

Cómo grabar un CD de audio desde un MP3

Crear un CD de audio desde archivos MP3 es una interesante característica que incluye MusicMatch. Con una grabadora, es posible convertir los archivos MP3 en tracks de audio, ahorrando engorrosos pasos de codificación y decodificación hasta hace poco inevitables. Esta opción es realmente útil para los usuarios que no cuentan con un reproductor de MP3 portátil pero desean disfrutar de algunos de sus archivos preferidos, por ejemplo, en un equipo de audio tradicional o en un discman. La **Figura 1** muestra la interfase de grabación de MusicMatch.

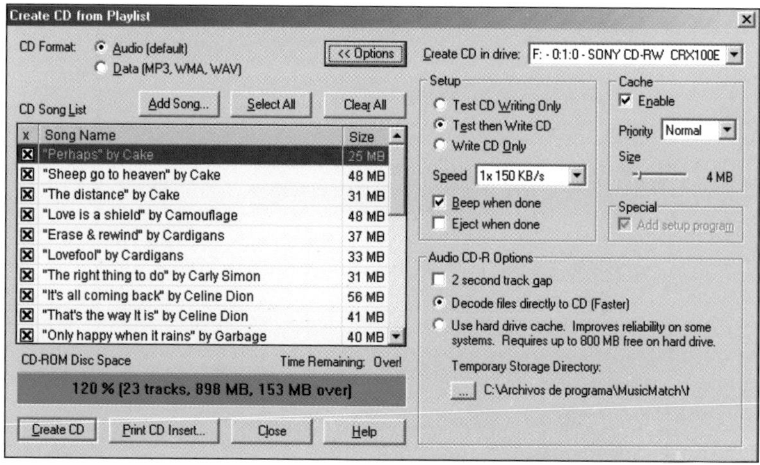

Figura 1. *La pantalla de MusicMatch para grabar un CD de audio.*

La grabación de un CD de audio — Paso a paso

❶ En primer lugar, habrá que presionar **CD-R**, en **Playlist**, para comenzar (chequeando previamente que las canciones que deseemos transformar en tracks de audio estén incluidas en la lista de reproducciones). También, más adelante, podremos añadir o eliminar cualquier track seleccionado anteriormente.

❷ El programa nos ofrecerá opciones específicas para configurar el tipo de grabación: velocidad, utilizar un aviso sonoro para indicar la finalización de la grabación, diseñar un cover para el CD creado, etc.

❸ Habrá que crear una lista con nuestros archivos preferidos para confeccionar el CD. Si los archivos incluidos no son los deseados, cliquearemos sobre **OPEN** para añadir los que nos interesen. Y, si buscamos eliminar un registro de la lista de reproducciones, simplemente deberemos seleccionarlo y oprimir la tecla **DEL**.

❹ Una vez que poseemos los archivos buscados, presionamos sobre **CD-R** –en los controles de la lista de reproducciones– o accederemos a esta opción desde el menú **File** (con **Create CD from Playlist**).

GUÍA VISUAL 3. Opciones de grabación de un CD de audio

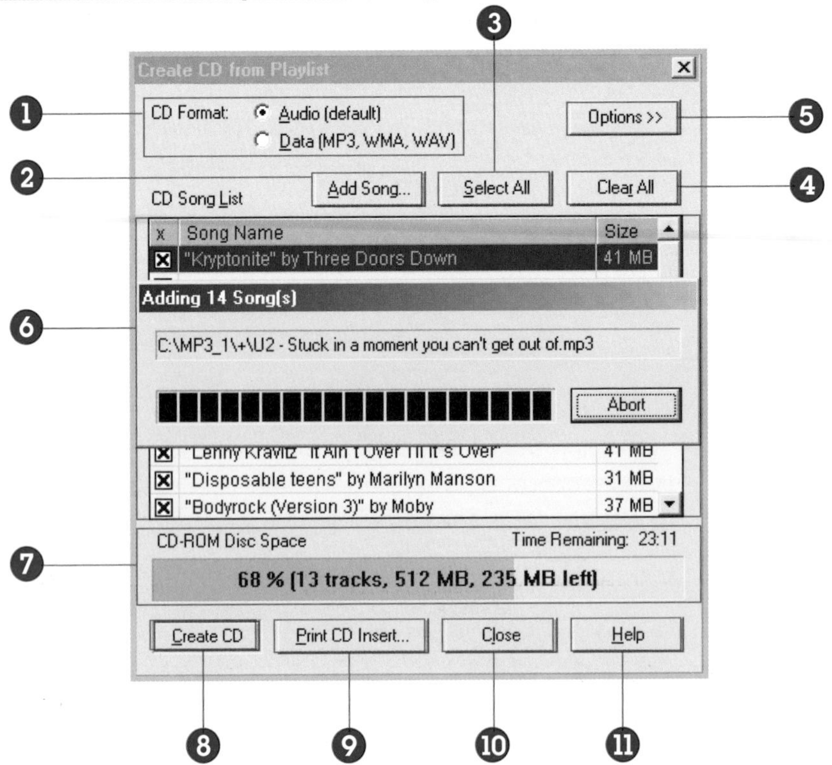

❶ Opciones que permiten definir el formato en que se grabará el contenido de la lista de archivos.
❷ Botón para añadir otro archivo.
❸ Botón que permite seleccionar todo el contenido de la lista.
❹ Botón para eliminar todo el contenido.
❺ Opciones adicionales de grabación.
❻ Listado de archivos por grabar.
❼ Información sobre el espacio ocupado del CD y el disponible para ser utilizado.
❽ Botón para comenzar el proceso de grabación.
❾ Herramienta para imprimir el cover del CD.
❿ Cierra la ventana de grabación.
⓫ Botón para acceder a la ayuda adicional.

GUÍA VISUAL 4. Más opciones de grabación

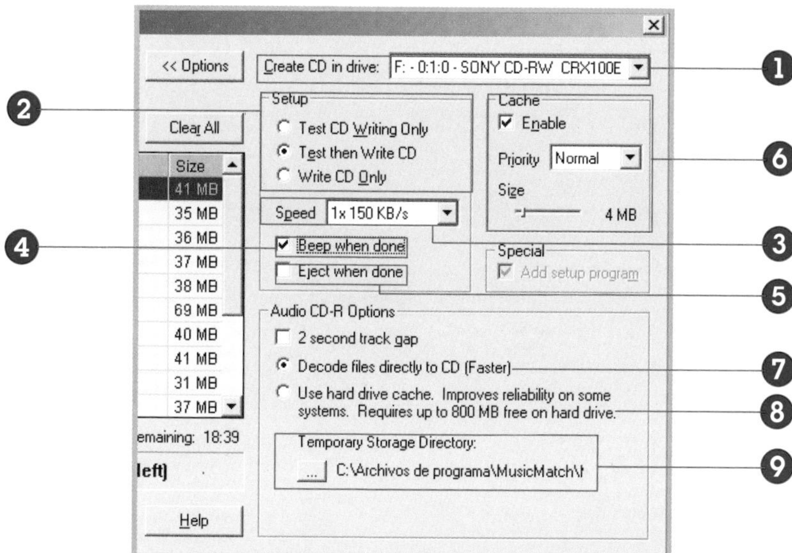

❶ Muestra la unidad habilitada para realizar la grabación.
❷ Opciones de grabación: `Test CD Writing Only` permite realizar un proceso de prueba a la unidad, antes de comenzar la grabación. `Test then Write CD` efectúa una comprobación. `Write CD Only` comienza con la grabación establecida.

ALTERNATIVAS EN LA GRABACIÓN

En la nueva ventana que se abre, se puede ver el proceso en el que se insertan en forma previa los archivos seleccionados, en el CD; y se informa el espacio que ocupan. En la parte superior puede definirse el formato de grabación. Además de grabar los archivos convirtiéndolos en tracks de audio, es posible crear simplemente un CD con archivos MP3.

❸ Menú desplegable con las velocidades disponibles para la grabación.
❹ Realiza un sonido al finalizar la grabación.
❺ Expulsa el CD en el momento en el que finaliza la grabación.
❻ Las opciones de **Caché** están destinadas a definir un espacio de resguardo para la transferencia de los datos. Se pueden elegir tres tipos diferentes desde el menú, y la cantidad de espacio desde **Size** (esta opción inserta por defecto un silencio de dos segundos entre cada canción).
❼ Permite acelerar el proceso de grabación, ya que convierte directamente los archivos y los graba en el CD (en lugar de hacerlo previamente en el disco rígido, lo que requeriría grandes cantidades de espacio libre).
❽ Es contraria a la anterior. Realiza un proceso antes de la grabación utilizando espacio del disco rígido (como mínimo, se requieren 800 MB disponibles).
❾ Permite elegir la ubicación donde se almacenarán los archivos creados durante el proceso de grabación previa (si se ha seleccionado la opción anterior). Se puede modificar presionado el botón junto a la ruta, para seleccionar la ubicación deseada.

Una vez que hayamos realizado la configuración ideal para la grabación, será posible comenzar el proceso oprimiendo el botón ubicado en la parte inferior: **Create CD**. La pantalla que aparecerá será similar a la de la **Figura 2**.

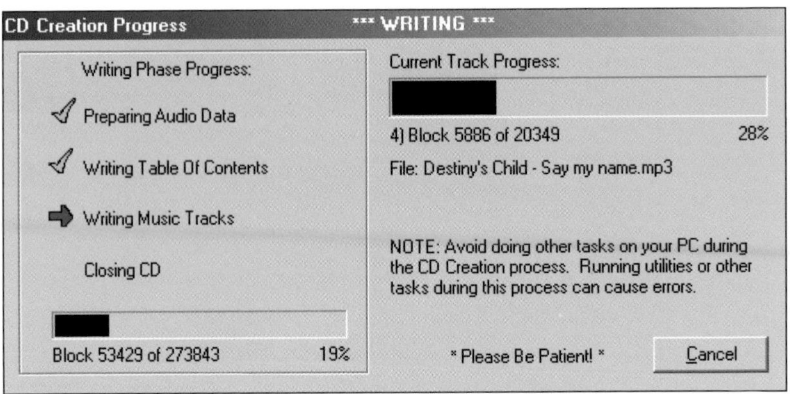

Figura 2. *En la imagen se puede apreciar el comienzo de la grabación.*

VALOR DE GRABACIÓN

Si obtenemos la versión full de MusicMatch 4, podremos determinar el valor de grabación y otras sutiles mejoras.

Extraer un track de audio y convertirlo en MP3

El Recorder

Una de la herramientas más importantes de MusicMatch es la que permite extraer las pistas de cualquier CD de audio y convertirlas en archivos **MP3**, **WAV** o **WMA**. Pero no sólo es posible extraer pistas de audio, el programa también puede configurar y grabar desde el **Line In** o desde un micrófono.

La principal característica del **Recorder** es su alta velocidad para realizar la codificación de las pistas de audio en **MP3**. Esto es ideal para las personas que poseen colecciones de música en diferentes formatos, como discos de vinilo o casetes, y desean protegerlas del paso del tiempo convirtiendo su contenido en digital.

Además, incluye un interesante agregado: ofrece acceso a una base de datos desde la cual podemos conocer con exactitud el nombre del artista o del grupo musical, y de cada track del CD (este servicio, conocido como **CDDB**, es totalmente gratuito).

Aunque cuenta con la posibilidad de obtener una gran cantidad de información sobre varios CDs, en algunas oportunidades éstos no serán reconocidos, ya que no han sido cargados en la base de datos. En esos casos, deberemos ingresar los datos manualmente. Tan sólo habrá que ubicarse en el nombre del track que deseamos modificar, y, con un clic sobre él, se habilitará la opción para ingresar los datos (si, por ejemplo, queremos modificar el nombre del artista y el título del CD, realizaremos el procedimiento detallado anteriormente, pero sobre la ventana que informa el estado de la grabación junto a la lista de las canciones).

Extracción de las pistas

En la **Figura 3** puede apreciarse el nombre del CD, del artista y de cada track. Junto a cada canción, se observa la duración sobre el lado derecho, y sobre el izquierdo, una tilde (cuando se encuentra activada, indica que el track está seleccionado para ser convertido su formato). Debajo del display se observan los controles de grabación.

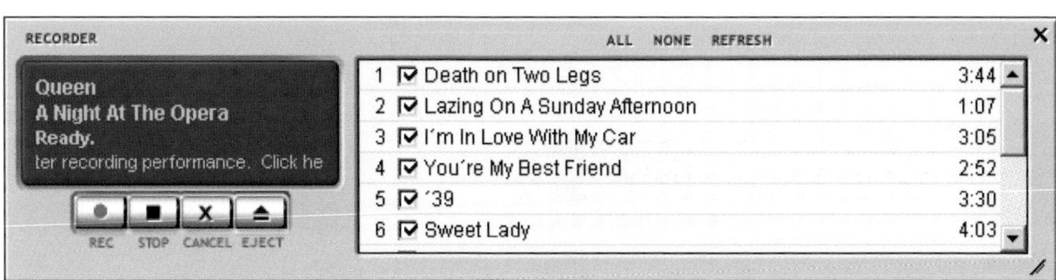

Figura 3. *En la ventana* **Recorder** *se encuentra la información ya obtenida por el servicio CDDB del CD ingresado (en este caso, un CD de Queen).*

GUÍA VISUAL 5. Controles de grabación

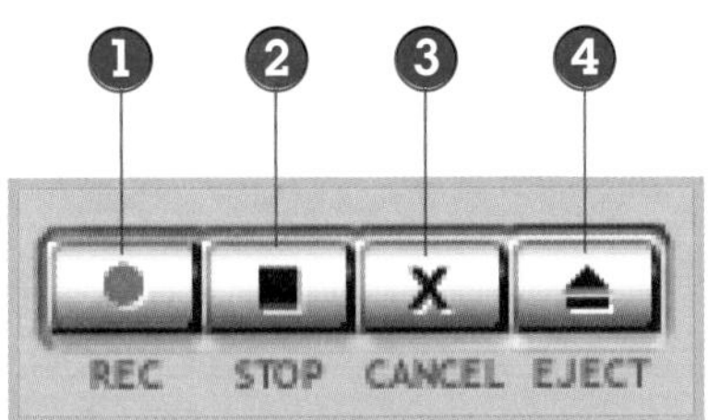

❶ `REC:` comienza a grabar las canciones seleccionadas.
❷ `STOP:` detiene la grabación.
❸ `CANCEL:` cancela la grabación.
❹ `EJECT:` expulsa el CD de la lectora.

Cómo configurar la grabación

Para el proceso de grabación en formato `MP3` de un track de audio en CD, es necesario configurar previamente varias opciones:

La configuración de la grabación — Paso a paso

❶ Primero habrá que dirigirse al menú `Options/Recorder`.

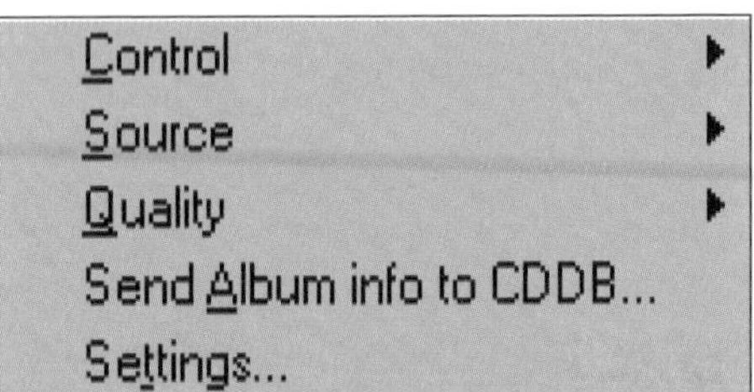

❷ Con la opción `Control` se accede a los controles de grabación, además de a otras variantes como la posibilidad de volver a cargar la información ofrecida por CDDB, y de seleccionar o deseleccionar todas las pistas.

❸ En `Source` puede definirse desde dónde deseamos realizar las grabaciones. En esta oportunidad lo haremos desde la lectora de CD-ROM predeterminada, pero también pueden llevarse a cabo desde cualquier dispositivo conectado al `Line-in`.

❹ La opción **Quality** es ideal para definir la calidad de conversión deseada. Es recomendable utilizar, como mínimo, **MP3 (128 kbps)**, que corresponde a la calidad más cercana a la de un CD de audio.

❺ En este paso, con **Send Album info to CDDB**, si poseemos la información de un CD que no se encuentra en nuestra base de datos, podemos enviarla para que otros usuarios la utilicen.

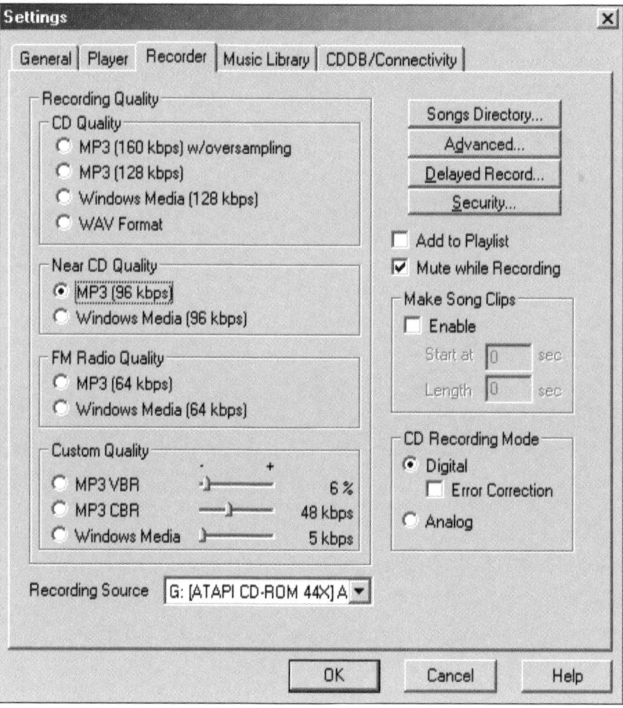

❻ Por último, **Settings** permite realizar cambios técnicos y de seguridad, entre otras cosas.

En el menú desplegable **Recording Source** encontraremos las opciones para elegir el origen de las grabaciones. Sobre su sector derecho existen otras opciones interesantes, como el botón **Songs Directory** (**Guía visual 6**), que abre una ventana para especificar la ubicación de los archivos creados y el formato que se utilizará, entre otras cosas.

GUÍA VISUAL 6. Songs Directory

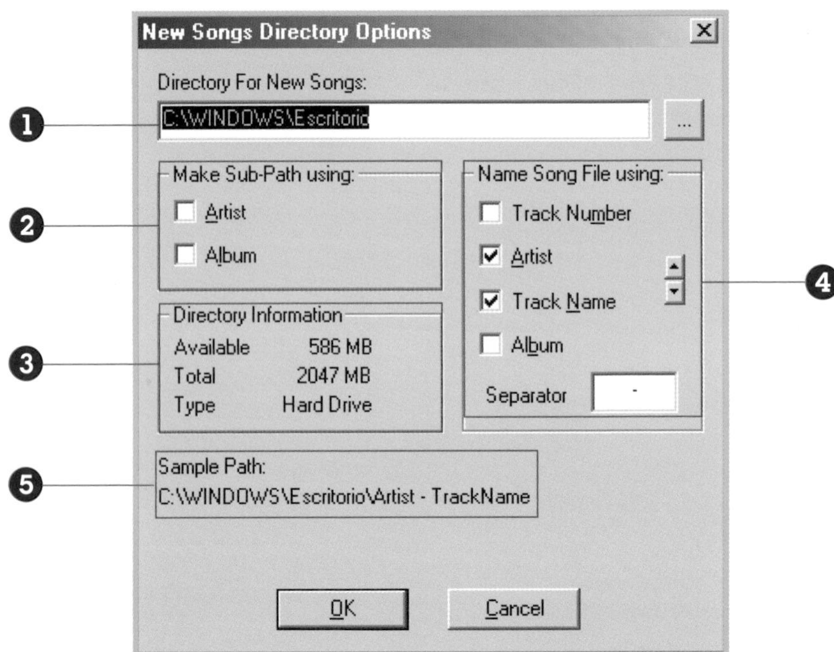

❶ Ubicación donde se almacenarán los archivos creados. Oprimiendo el botón junto al cuadro, es posible modificar la ruta definida.

❷ Opciones que permiten crear subdirectorios con el nombre del artista y el título del álbum.

❸ Información sobre el espacio disponible en la ubicación donde se almacenen los archivos creados.

❹ Define el formato de los archivos creados. Es posible, además, insertar el número de tracks, el nombre del artista, de la canción y del álbum. También permite definir un caracter especial que funciona como separador entre la información incluida en el nombre del archivo.

❺ Un práctico ejemplo que muestra el resultado final, según las opciones seleccionadas anteriormente.

Al acceder a `Delayed Record` (**Guía visual 7**), es posible monitorear la grabación de MusicMatch de una forma programada en donde, al ingresar los datos correspondientes, se define en qué momento comenzar y detener la grabación.

GUÍA VISUAL 7. Delayed Recording

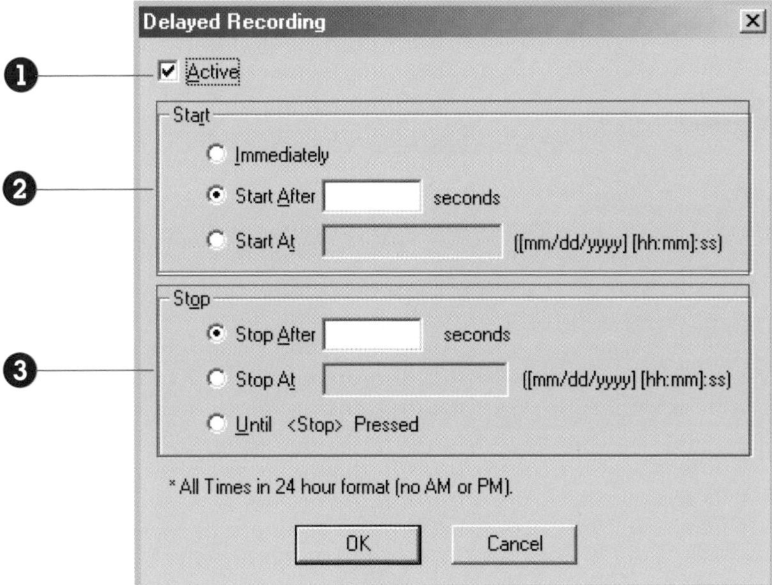

❶ Activa o desactiva la función de grabación programada.
❷ Para indicar cuándo comenzar con la grabación. La primera opción da comienzo a la grabación inmediatamente; la segunda permite definir en cuánto tiempo iniciarla (en segundos); y la tercera define una fecha y una hora futura.
❸ Opciones para determinar en qué momento detener la grabación. La primera opción define un tiempo (al igual que en el anterior, este valor debe ser ingresado en segundos); la segunda especifica una fecha y un horario futuro en el cual detener la grabación; la tercera detiene la grabación cuando el usuario oprime el botón `Stop`.

Al presionar en `Security`, de la ventana `Settings` accederemos a las opciones relacionadas con temas de legalidad y derechos de autor (**Figura 4**), algo necesario a la hora de prohibir su reproducción o distribución. Entre sus opciones es posible insertar toda la información correspondiente al autor, y una breve descripción. Por último, define los permisos otorgados para ser transferidos a dispositivos portátiles o para ser reproducidos en algún otro medio, como Internet.

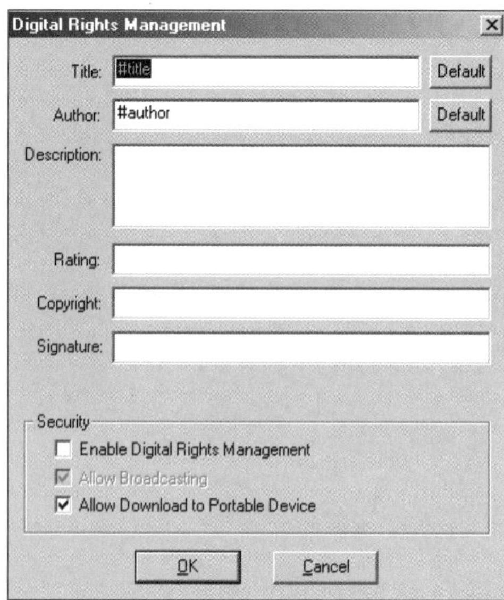

***Figura 4.** Luego de presionar sobre **`Security`**, accederemos a cada ventana.*

Debajo de los botones mencionados anteriormente se encuentran las últimas opciones que restan para personalizar por completo nuestra grabación. Estas opciones son:

`Add to Playlist`: incluye automáticamente al nuevo archivo creado dentro de la lista de reproducciones.
`Mute while Recording`: incrementa la velocidad de grabación, ya que inhabilita la opción de realizar la grabación mientras se reproduce.
`Make Song Clip`: Permite generar clips de presentación para distribuir. Ideal para la presentación de nuevos artistas.
`CD Recording Mode`: define la forma de grabación en **`Analógica`** o **`Digital`**. El método recomendado es el digital, pero esta opción es ideal sólo para quienes cuenten con lectoras de CD modernas. El modo analógico está destinado a quienes no cuenten con un equipo con soporte para la extracción en forma digital. Dentro de estas opciones, se encuentra una tercera llamada **`Error Correction`**, con la cual es posible minimizar los errores que se pueden producir durante el proceso.

EVITAR LA PIRATERÍA

Hoy en día, diversas aplicaciones y formatos intentan añadir mayores opciones de seguridad para disminuir la piratería de material con derechos de autor.

Music Library

En **Music Library** se puede crear una completa librería con los archivos MP3 que deseemos. Es ideal para quienes poseen una gran cantidad y quieren administrarlos de la mejor forma posible. Esta opción permite ordenarlos por artista, género, álbum, u otro tipo de información; incluye soporte para las distintas versiones de tags, un potente buscador y la alternativa de exportar toda la información obtenida, en un archivo **TXT**. La **Figura 5** muestra las opciones de esta aplicación.

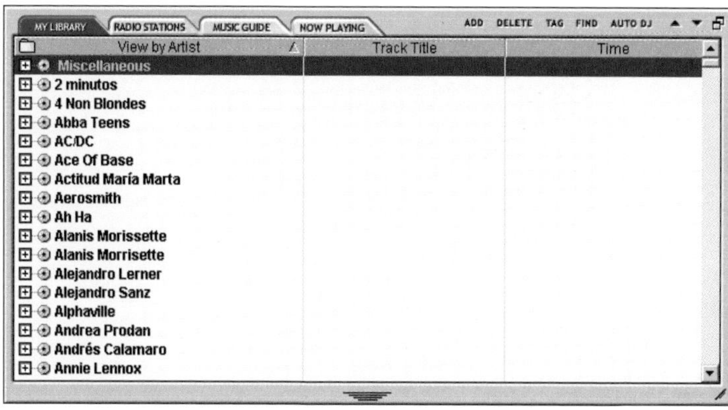

Figura 5. *Las opciones de la pantalla de Music Library.*

La forma de ingresar aquí los MP3 es muy sencilla. Sólo debemos dirigirnos a **Options/Music Library**, y seleccionar la opción **Add New Track(s) to Music Library...**. Luego, en la ventana que se abre, hay que elegir los archivos y presionar sobre **OK**. MusicMatch permite ingresar subdirectorios completos (para que esto suceda es necesario verificar que se encuentre habilitada la casilla correspondiente en esta ventana, denominada **Include Subdirectories**). La **Figura 6** contiene la acción que acabamos de detallar.

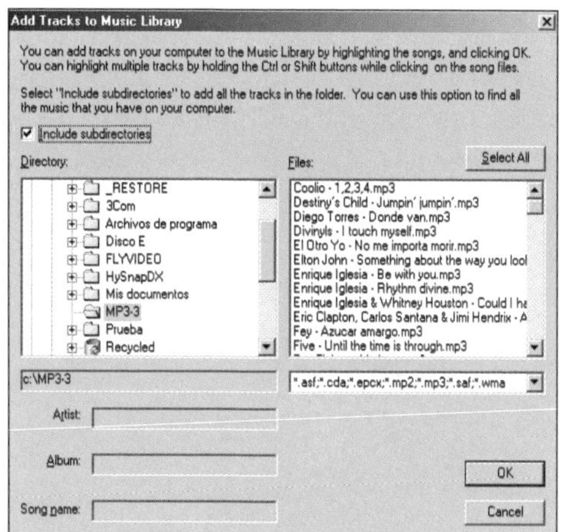

Figura 6. *Cómo ingresar archivos **MP3** en Music Library.*

Edición de los tags

Los tags corresponden a la información adicional almacenada en todos los MP3. Esta información comprende nombre del artista, título de las canciones, nombre del disco, el año, el género musical, y algunas cosas más.

Para editar un tag, sólo deberemos seleccionar una canción y luego oprimir la opción **TAG**, ubicada en los controles de la ventana **Music Library**. Veamos la **Figura 7**.

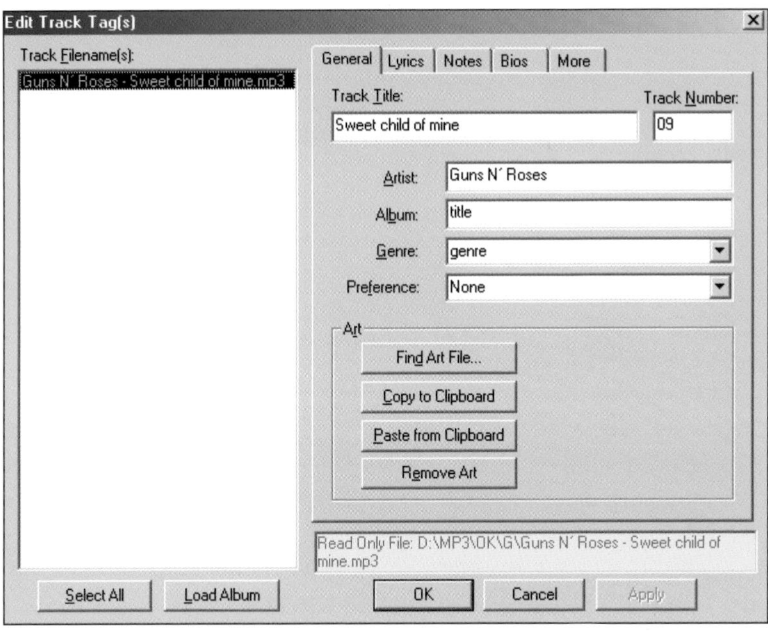

***Figura 7.** Edición de tags.*

Auto DJ

Auto DJ es una atractiva característica de MusicMatch que permite seleccionar un número de canciones y crear atractivos enganches, los cuales se limitan por la cantidad de música que se desea reproducir.

Según determinados criterios, se debe seleccionar en qué cantidad de archivos buscar (es recomendable hacerlo en todos) y luego definir las características por género musical, artista o cualquier otra opción.

Luego de definir los criterios, debemos presionar sobre **Preview**, que nos informará del resultado; si estamos de acuerdo, cliqueamos sobre **Get Tracks** para que la selección se añada automáticamente a la lista de reproducciones. La ventana es similar a la de la **Figura 8**.

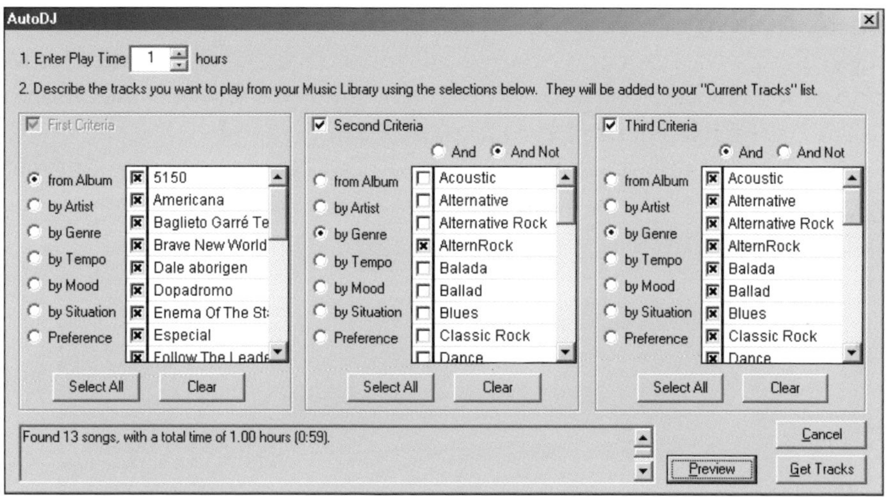

Figura 8. Auto DJ.

Radio Stations

Esta interesante opción que ofrece MusicMatch permite acceder al usuario a estaciones radiales que transmiten su programación exclusivamente vía Internet. Para utilizarla, sólo hay que ubicarse en la pestaña **Radio Stations** que se encuentra en la ventana **Music Library**.

Music Guide

En **Music Guide** encontraremos una completa guía de sitios y recursos especialmente seleccionados por MusicMatch, y relacionados con la música en general.

Now Playing

Es la aplicación ideal para conseguir más información relacionada con el archivo que se está reproduciendo. Además, es posible comparar el CD en donde se encuentra dicho archivo.

OTRAS OPCIONES DE MUSIC LIBRARY

DELETE elimina de Music Library las canciones seleccionadas, y **FIND** es un potente buscador para acceder fácilmente a los registros.

Imprimir

¿Imprimir con MusicMatch? Sí, esta opción ofrece la posibilidad de imprimir un listado con el contenido de **Playlist** o de **Music Library**. Es de gran importancia para los que desean llevar un registro ordenado de toda su colección.

Para acceder a esta utilidad, debemos ir al menú **File** y elegir **Print**.

Figura 9. *Cómo imprimir con MusicMatch.*

Cambiar la apariencia de MusicMatch

Como ya se ha mencionado, MusicMatch es otra de las tantas aplicaciones que permiten modificar su apariencia mediante "pieles" (*skins*). Éstas pueden bajarse fácilmente de sitios como **Skinz** (www.skinz.org), o accediendo a **Download Skins** del menú **Options**.

Una vez que hayamos bajado las skins deseadas, simplemente deberemos descomprimirlas y copiarlas en la carpeta **Skins**. La **Figura 10** muestra la ventana para realizar estas acciones.

ALTERNATIVAS DE IMPRESIÓN CON MUSICMATCH

La opción más interesante de esta utilidad es la que permite definir qué diseño deseamos utilizar para imprimir la información. Es posible hacerlo con columnas que contengan el nombre de la canción, el artista, el género y la duración; en forma de tarjetas, y otras opciones más. En **Options** se puede determinar lel tipo de información, y de qué forma será ordenada.

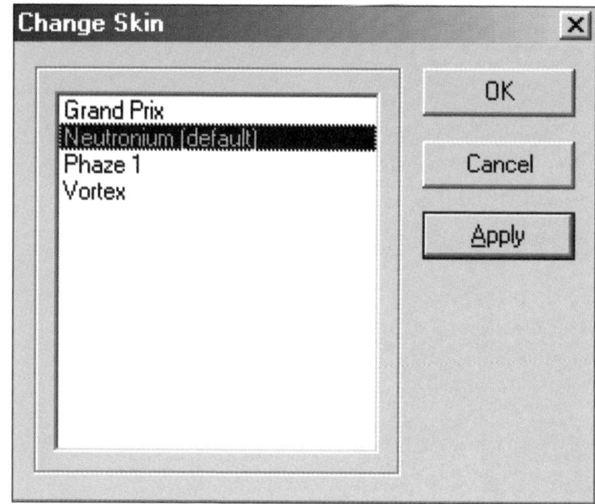

Figura 10. Cómo cambiar la apariencia de MusicMatch.

Al finalizar este procedimiento, las skins están listas para ser utilizadas. Para ello, hay que seleccionar **Change Skin**, del menú **Options**; allí se mostrará un listado con las skins disponibles; sólo restará seleccionar una y oprimir **OK** para efectuar los cambios.

SIREN Jukebox

Posiblemente SIREN Jukebox (www.sonicfoundry.com), de la empresa Sonic Foundry, sea la única aplicación capaz de ser considerada como una seria competencia para el gigante MusicMatch.

Esta aplicación incluye un eficiente administrador de archivos sonoros con capacidad para diversos estilos de organización y filtros.

Además, ofrece la posibilidad de realizar búsquedas de archivos de manera automática y una utilidad para extraer pistas de un CD de audio. También incorpora un browser y un administrador de archivos.

Empresa: Sonic Foundry
Sitio web: www.sonicfoundry.com
SO: Windows 9x/Me
Idioma: inglés
Precio: $ 39.95

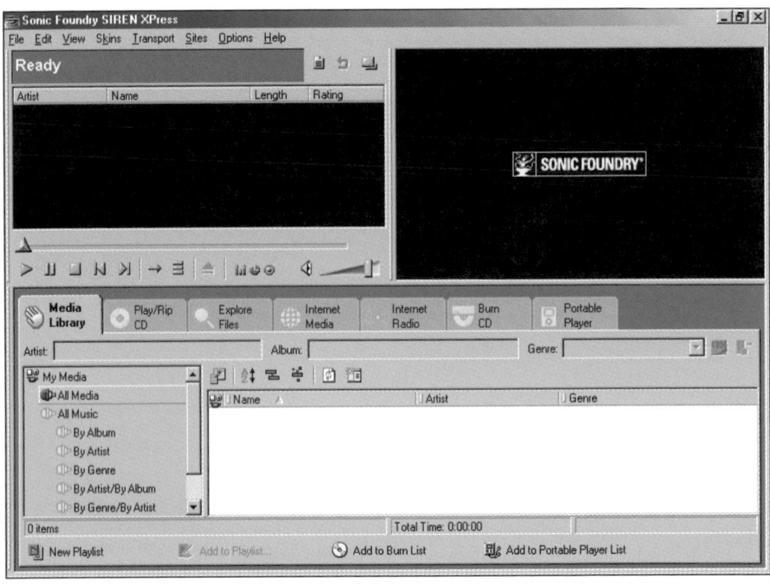

Figura 11. SIREN Jukebox.

Características:

- Administrar colecciones musicales.
- Reproducir CDs, archivos **MP3** y otros.
- Rippear CDs.
- Explorar unidades.
- Acceder a contenido especial de la Web.
- Captar transmisiones vía Internet.
- Grabar CDs.
- Transferir archivos a dispositivos portátiles.
- ... y mucho más.

REQUERIMIENTOS PARA SERVICIOS DE RADIO EN INTERNET

Vale recordar que para utilizar los servicios de radio por Internet se debe contar con una conexión y, en lo posible, de banda ancha para disfrutar de todas sus ventajas y beneficios.

CAPÍTULO 4

Compartir música MP3 con LimeWire

El intercambio de archivos es una de las actividades más realizadas en los últimos tiempos por todos los navegantes. Una de las primeras aplicaciones para esto fue el famoso Napster, que permitía el intercambio de archivos MP3 entre sus usuarios. Demandas legales y múltiples inconvenientes con importantes empresas por poco lo eliminan. Pero, por suerte, nuevas aplicaciones han salido para ocupar su lugar. LimeWire es un claro ejemplo de ello, ya que utilizando la tecnología "peer-to-peer" permite a sus usuarios el intercambio de cualquier tipo de archivo. Pasen y conozcan todos sus secretos.

SERVICIO DE ATENCIÓN AL LECTOR
(54-11) 4959-5000 / lectores@tectimes.com

Compartir archivos MP3 con LimeWire

Este programa es una de las alternativas más completas para compartir archivos por Internet utilizando la tecnología **"Peer-to-peer"**. Es, actualmente, un posible sucesor de Napster, que parece tener los días contados.

LimeWire asombra por su facilidad de uso, que lo hace altamente recomendable para cualquier nivel de usuario; con una interfase sencilla, los resultados que puede proporcionar son asombrosos.

Empresa: LimeWire LLC
Sitio web: www.limewire.com
SO: Windows 9x/Me/2000
Idioma: inglés
Precio: gratuito

Para comenzar a tratar este tema, resulta imprescindible hablar de Napster, quizás el responsable directo por la popularización del formato MP3 en todo el mundo.

Este sistema puede llamarse centralizado, ya que utiliza servidores que almacenan los listados con los archivos de cada usuario. Justamente en esto reside el principal inconveniente que afronta Napster con las empresas de la industria discográfica: si cierran sus servidores, el sistema es incapaz de seguir funcionando.

En este sentido, una de las más importantes empresas que demandó a Napster fue BMG, que luego acordó levantar sus demandas al hacerse cargo de la compañía. Así, BMG intentó adelantarse a sus rivales en el mercado de la distribución de música online, que en el futuro, según algunos especialistas, generará más ganancias que la forma tradicional de comercialización. No es de extrañar que otras grandes empresas, como Sony, deseen crear un sistema similar para distribuir el material de sus artistas.

Al cierre de la edición de este libro, Napster seguía en funcionamiento; aunque acatando las medidas sancionadas por la Corte.

Pero, como dice el refrán: *"Hecha la ley, hecha la trampa"*. Al poco tiempo de la puesta en vigencia de esta medida, que prohibe compartir canciones protegidas por derechos de autor, surgió un soft con el que es posible modificar los nombres de los archivos (lo que impide que puedan ser reconocidos y permite continuar con la libre circulación).

FALLO DE LA CORTE

La decisión judicial otorgó la posibilidad a las discográficas de enviar un listado con sus canciones protegidas por copyright para ser eliminadas de Napster.

ACERCA DE NAPSTER

Napster es un servicio desarrollado por un joven llamado Shawn Fanning, quien decidió crear un soft para compartir los archivos MP3 con múltiples usuarios.

Por otra parte, a partir de esta problemática surgió una nueva forma de compartir archivos: ahora ya no sólo es posible compartir archivos `MP3`, sino también cualquier otro tipo. Este nuevo sistema (conocido como **Peer-to-peer**) utiliza un concepto totalmente revolucionario en el que se deja de lado el uso de un sistema centralizado por uno que directamente conecta a todos los usuarios entre sí, llamado Gnutella.

Pero, desde un primer momento, la versión 0.56 presentó errores que hicieron colapsar, en varias oportunidades, el sistema y la red. Esto dio lugar a que se detuviera su distribución y se desarrollaran clones bajo el mismo sistema. Hoy en día, el clon más utilizado es **LimeWire**.

La instalación de LimeWire

Instalar LimeWire — Paso a paso

1. En primer lugar, se accede a la primera ventana que da la bienvenida al proceso de instalación de LimeWire. Para continuar, deberemos presionar sobre `Next`.

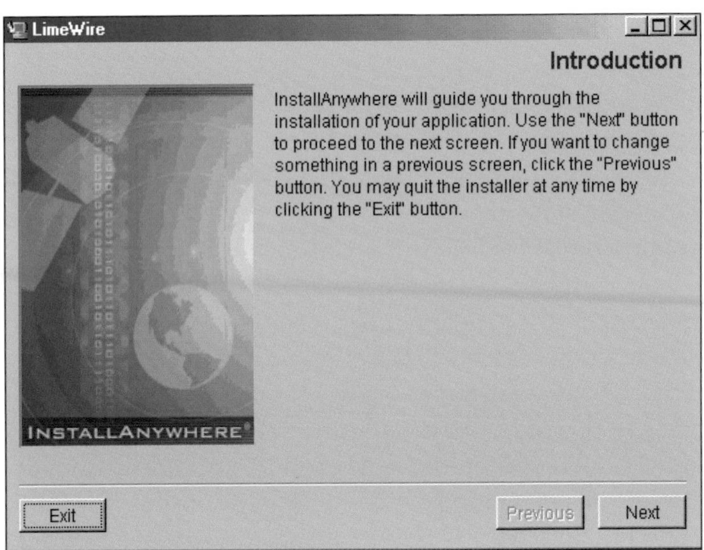

GNUTELLA

El sistema, llamado "Peer-to-peer", fue creado por algunos integrantes del equipo de Nullsoft (desarrolladores de Winamp), y el programa y la red llevan el nombre de Gnutella.

❷ La segunda ventana mostrará la licencia de uso y otros aspectos legales referidos a su utilización. Para proseguir la instalación debemos estar de acuerdo con la licencia; en caso de que así sea, marcaremos la opción **Yes**, y, posteriormente, presionaremos **Next**.

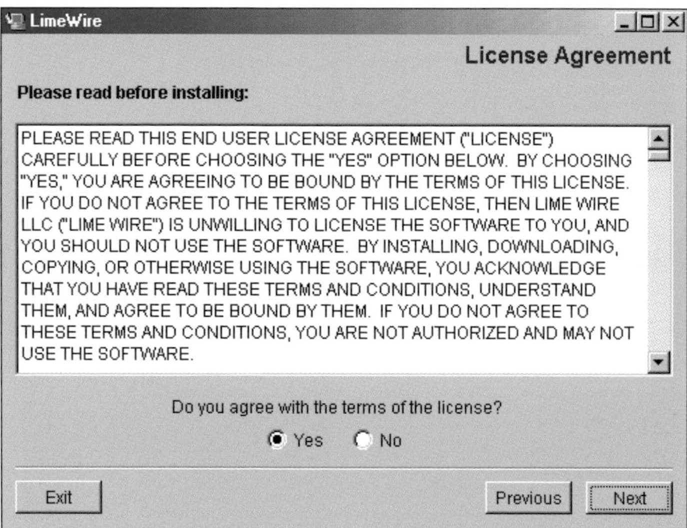

❸ En esta pantalla debemos seleccionar el lugar donde se instalará LimeWire. Si así lo creemos conveniente, podemos modificar la ubicación que por defecto proporciona el programa; para esto, sólo hay que tipear manualmente la ubicación deseada en el cuadro de texto, o acceder a un sencillo navegador de nuestras carpetas con el botón **Choose...**.

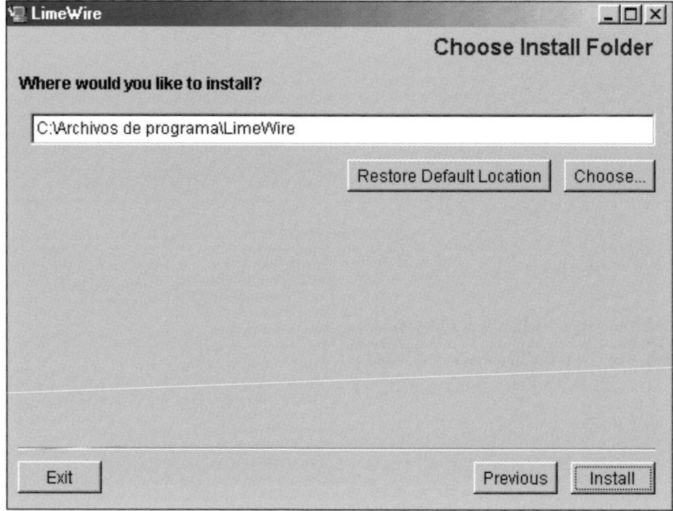

❹ Luego de haber presionado sobre **Install**, comenzará la instalación de LimeWire. En la siguiente ventana será posible ver este proceso.

❺ Nuevamente se muestra una ventana correspondiente al proceso de instalación. Pero en esta oportunidad, nos permitirá seleccionar una carpeta con los archivos que estamos dispuestos a compartir. Aquí también se proporciona una ubicación por defecto que podemos modificar manualmente desde el campo de texto, o con **Choose...** para utilizar un navegador. Para continuar, presionaremos sobre **Next**.

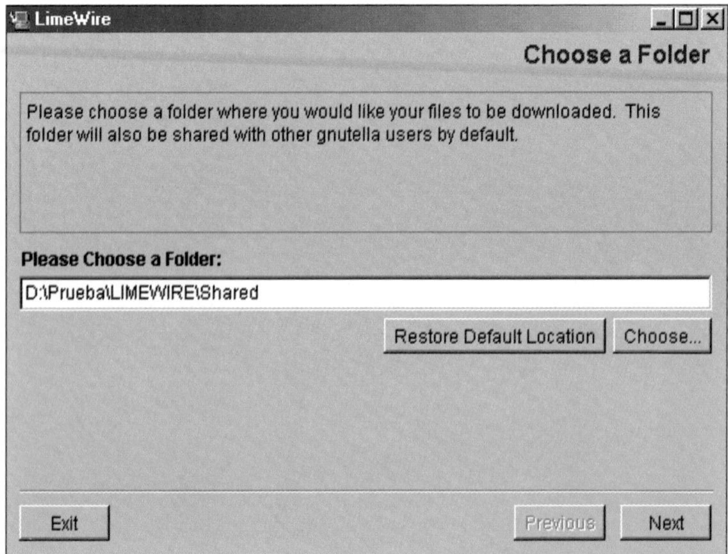

❻ Esta ventana está destina a seleccionar el tipo de conexión que poseemos. Simplemente seleccionaremos la correcta y, luego de activar el botón **Next**, continuará la configuración básica.

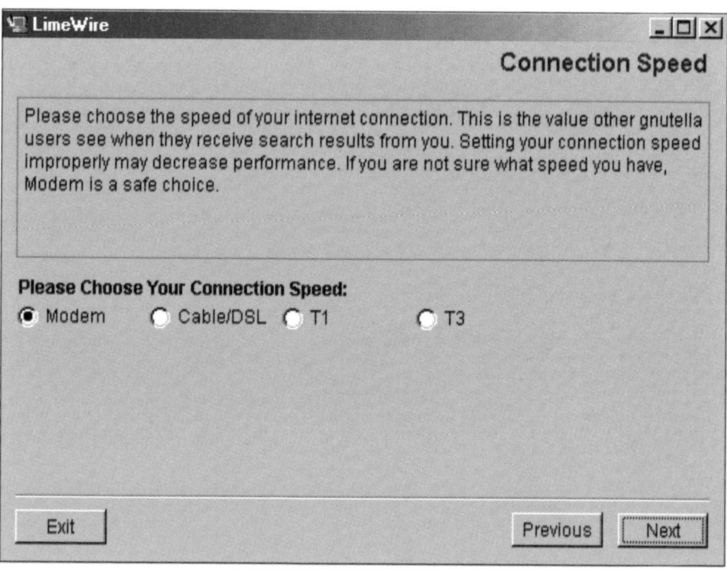

❼ Una nueva ventana posibilitará determinar si LimeWire se encargará de realizar una búsqueda en el disco sobre otros archivos disponibles para compartir. Seleccionamos la opción deseada y oprimimos el botón **Next** para seguir.

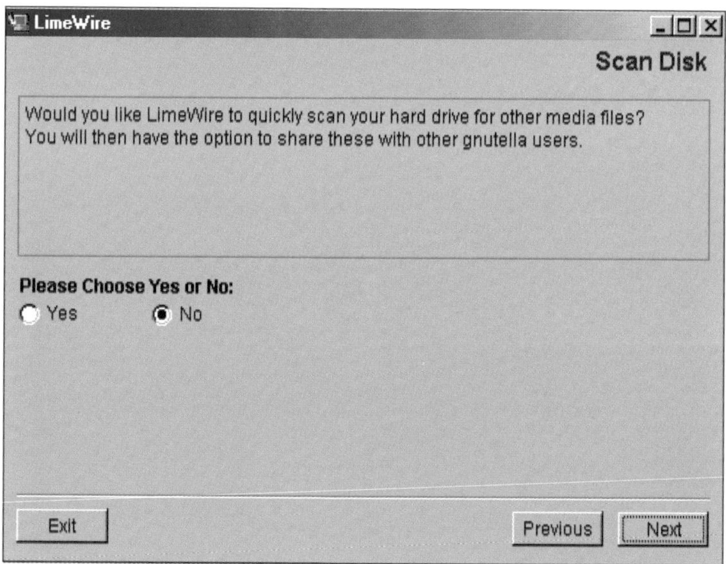

8 La última ventana del proceso de instalación informará que éste ha finalizado satisfactoriamente. Para concluir, cliquearemos sobre **Done**.

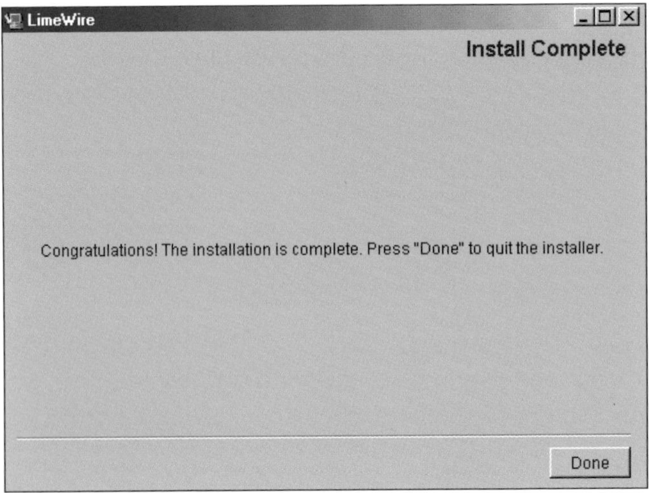

La primera impresión

GUÍA VISUAL 1. Pantalla principal de LimeWire

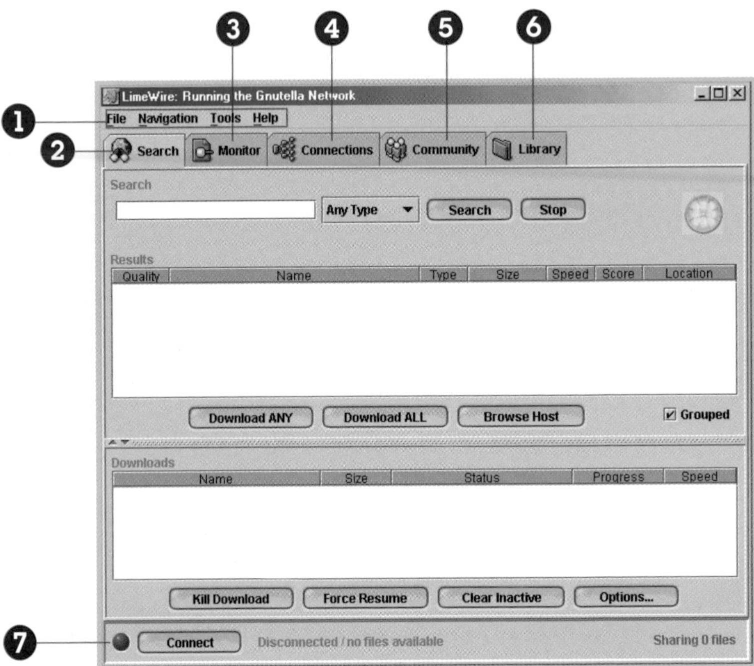

❶ Barra de menúes.
❷ Ventana para acceder a las diferentes opciones de búsqueda.
❸ El monitor permite visualizar las transferencias que se están realizando.
❹ Aquí podremos configurar las conexiones, añadir hosts y otras cosas más.
❺ Permite acceder a grupos de usuarios con similares gustos.
❻ Un completo listado en donde es posible visualizar la librería de archivos que poseemos.
❼ Información sobre la conexión actual.

Search

Es una de las ventanas principales, desde la cual se efectuarán todas las búsquedas.
Como se comentó anteriormente, LimeWire permite compartir, además de archivos MP3, cualquier otro tipo de archivos como videos, programas, etc.

GUÍA VISUAL 2. La pantalla Search de LimeWire

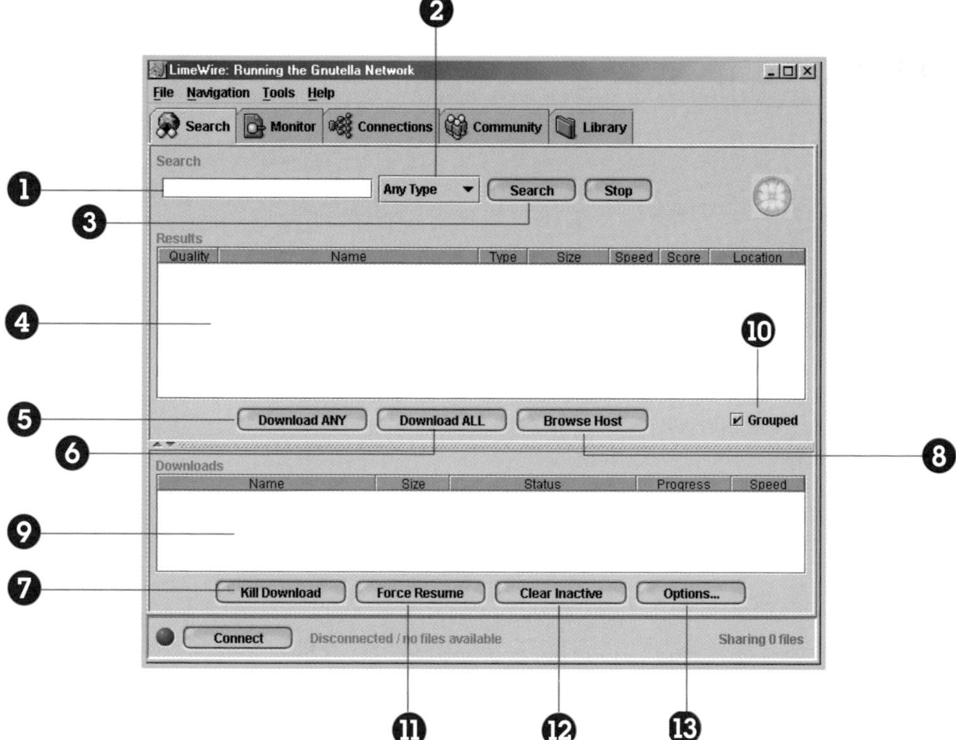

❶ Aquí ingresamos lo que deseamos encontrar.
❷ La opción que permite definir el tipo de archivo que hay que buscar.
❸ Es el botón para comenzar la búsqueda.

❹ El listado con los resultados obtenidos en la búsqueda (allí veremos el nombre de los archivos, su tipo, tamaño, conexión, y demás).
❺ Descarga el archivo seleccionados.
❻ Descarga todos los archivos de los resultados obtenidos.
❼ Cancela las descargas.
❽ Permite ver todos los archivos compartidos que posee el usuario seleccionado.
❾ Es la ventana en donde se pueden visualizar las descargas que se están realizando.
❿ Opción que agrupa los resultados similares.
⓫ Comienza la descarga de archivos nuevamente.
⓬ Elimina las descargas inactivas.
⓭ Se trata del botón para acceder a opciones adicionales relacionadas con la descarga de los archivos.

Realizar una búsqueda

El proceso para realizar una búsqueda es muy sencillo. Simplemente habrá que ingresar lo que deseamos buscar en el campo de búsqueda (**1**), seleccionar el tipo de archivo (**2**), y oprimir el botón **`Search`** (**3**). Con esto comenzará el proceso de búsqueda.

Los resultados obtenidos podrán observarse en el recuadro **`Results`** (**4**). Luego, para comenzar a descargar alguno de los resultados, seleccionaremos uno y oprimiremos **`Download ANY`** (**5**). Si la transferencia comienza, se podrá observar su progreso en el recuadro inferior llamado **`Downloads`** (**9**). Debajo de este recuadro se encontrarán los controles necesarios para detener la transferencia, resumirla, y demás.

Opciones adicionales

Para acceder a las opciones adicionales debemos presionar sobre el botón **`Options...`**, ubicado en la parte inferior de **`Results`**.

USUARIOS PROTEGIDOS

Al realizar una búsqueda, algunos resultados obtenidos aparecen con su IP (Internet Protocol) en rojo. Esto significa que el usuario se encuentra detrás de un firewall (sistema de protección que permite restringir el uso de redes), lo que imposibilita conseguir archivos de dicho usuario si nosotros también utilizamos este sistema de protección restringido.

GUÍA VISUAL 3. Facultades de las opciones adicionales

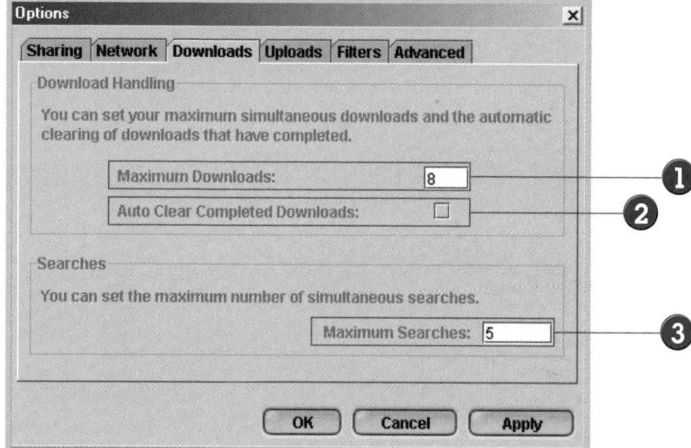

❶ Define el número de descargas simultáneas que es posible realizar (cuanto mayor sea la cantidad de descargas simultáneas, menor será la velocidad de transferencia).
❷ Limpia automáticamente de la lista cada descarga que haya finalizado.
❸ Permite definir el número máximo de búsquedas posibles.

GUÍA VISUAL 4. Facultades de otras opciones adicionales

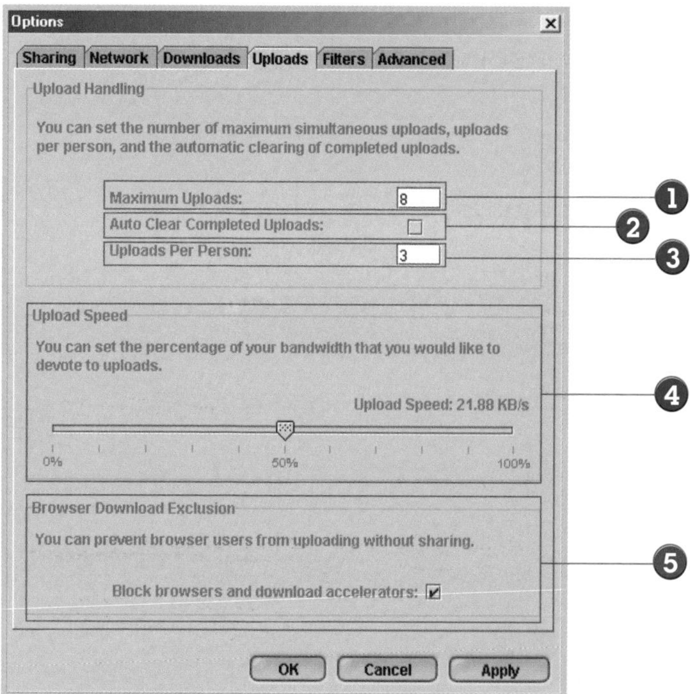

❶ Define el número máximo de transferencias simultáneas que se pueden realizar desde nuestra PC.
❷ Permite eliminar de la lista las transferencias que han finalizado.
❸ Para determinar el número máximo de archivos que un usuario puede transferir desde nuestra PC.
❹ Es la opción para definir qué porcentaje del ancho de banda utilizado destinar a estas transferencias.
❺ Deshabilita el uso de aceleradores de descarga.

Monitor

En esta ventana es posible visualizar las transferencias que se están realizando (descargas y archivos que están siendo transferidos hacia otros usuarios desde nuestra PC).

GUÍA VISUAL 5. La ventana Monitor

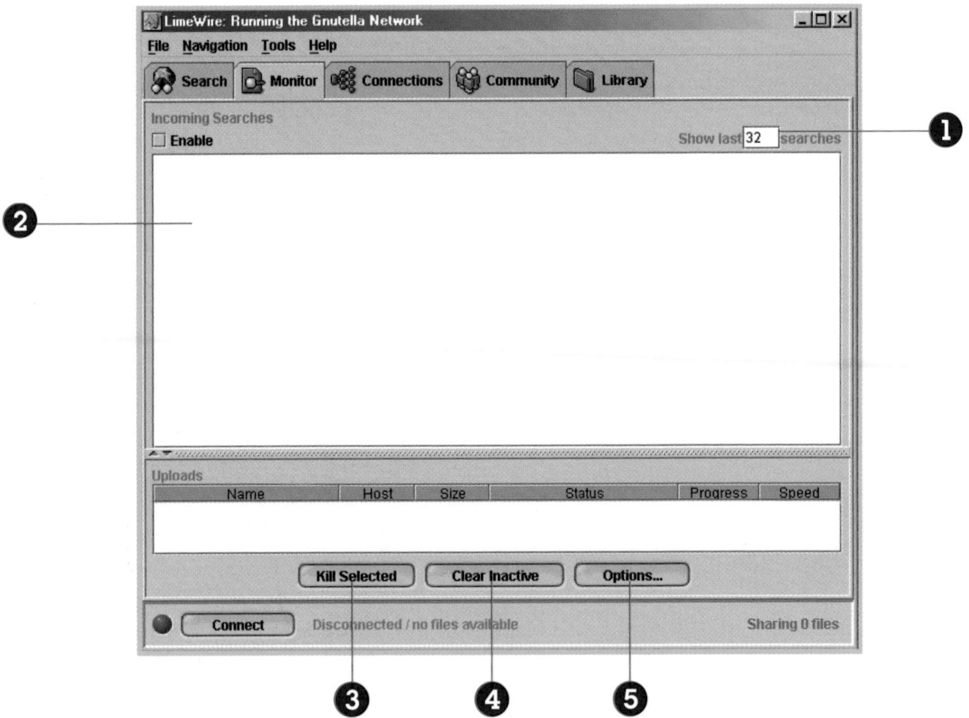

❶ Muestra las últimas 32 búsquedas realizadas (puede modificarse el número de búsquedas que el programa debe mostrar).
❷ Es la ventana que muestra las búsquedas que están realizando otros usuarios.

❸ El botón que detiene la transferencia que otros usuarios están realizando.
❹ Elimina las transferencias inactivas.
❺ Opciones adicionales para la transferencia de archivos desde nuestra PC hacia las de otros usuarios.

Connections

Ésta es otra de las ventanas principales, ya que posibilita configurar los hosts a los que se realizará la conexión. Cuanto mayor sea el número de hosts, mayor será la cantidad de archivos disponibles.

GUÍA VISUAL 6. La ventana Connections

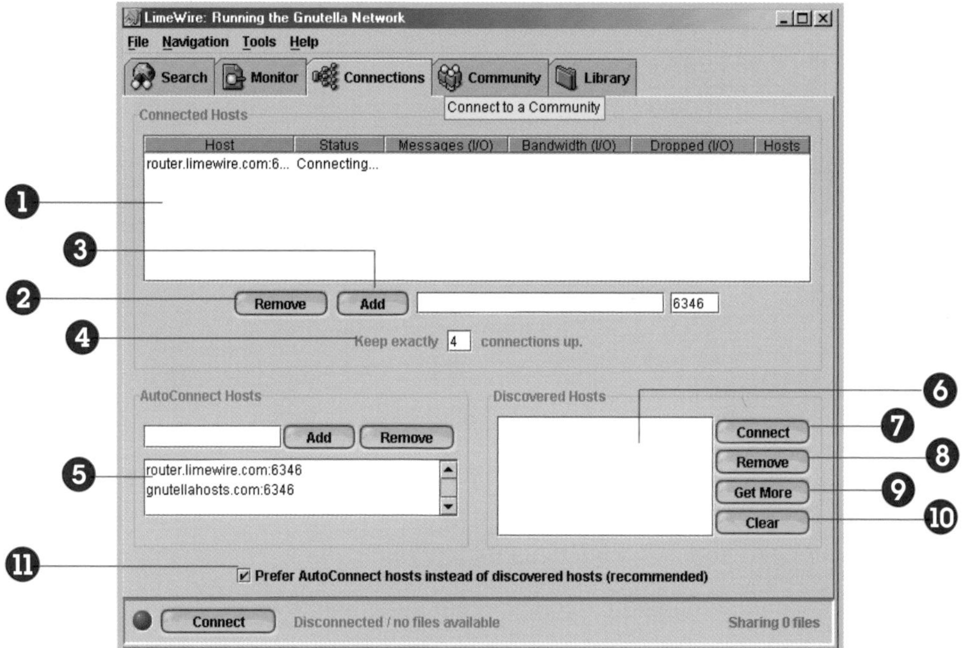

❶ En esta ventana se observan todos los hosts a los que se está conectado.
❷ Es el botón que permite eliminar un host.
❸ Es el botón para añadir un host manualmente.
❹ Define la cantidad de hosts activos.
❺ Hosts predeterminados para la conexión.
❻ Ventana en la que se muestran los nuevos hosts obtenidos.
❼ El botón que permite conectar con los hosts seleccionados.

8. Botón para eliminar un host.
9. Botón para conseguir más hosts.
10. Botón para limpiar la ventana con los hosts adquiridos.
11. Opción que habilita la conexión a los servidores automáticos de manera predeterminada.

Community

Se trata de un completo listado con las comunidades disponibles. Se encuentran divididas según los diferentes estilos, por contenido o por ubicación geográfica.

GUÍA VISUAL 7. La ventana Community

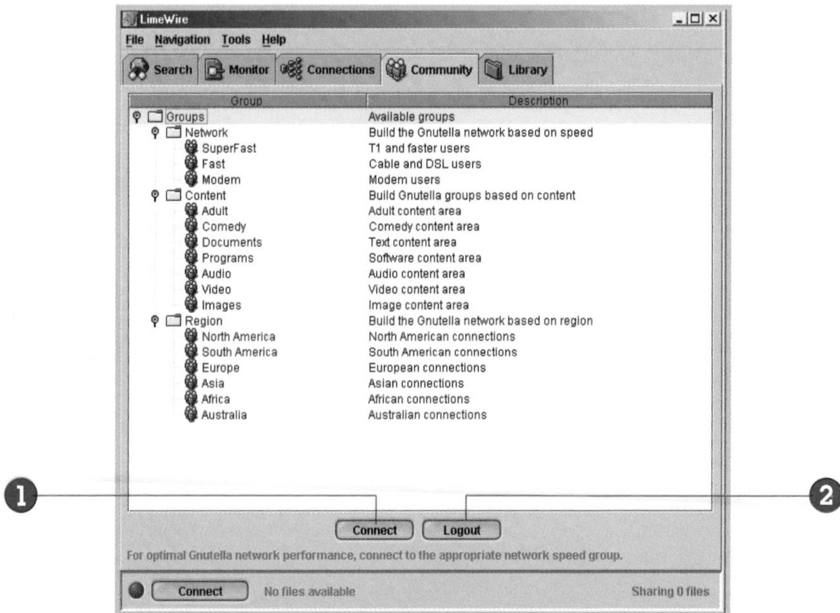

1. Es el botón para conectarse al grupo seleccionado.
2. Es el botón para desconectarse del grupo.

AÑADIR MÁS HOSTS

Como la tecnología utilizada para la transferencia requiere los hosts a los que se está conectado, es útil mantener la mayor cantidad de hosts disponibles. Para ello, deberemos añadirlos a nuestras conexiones, lo que puede hacerse automáticamente desde los otros hosts conectados. Éstos aparecen en la sección `Discovered Hosts`, y para utilizarlos hay que seleccionar los que allí se muestran y presionar sobre `Connect`.

Library

Consiste en una completa lista en la que es posible observar colecciones de archivos tanto musicales como de video u otro tipo. Por defecto, se muestran dos carpetas: la de archivos de transferencias incompletas y la de los disponibles para ser compartidos.

GUÍA VISUAL 8. La ventana Library

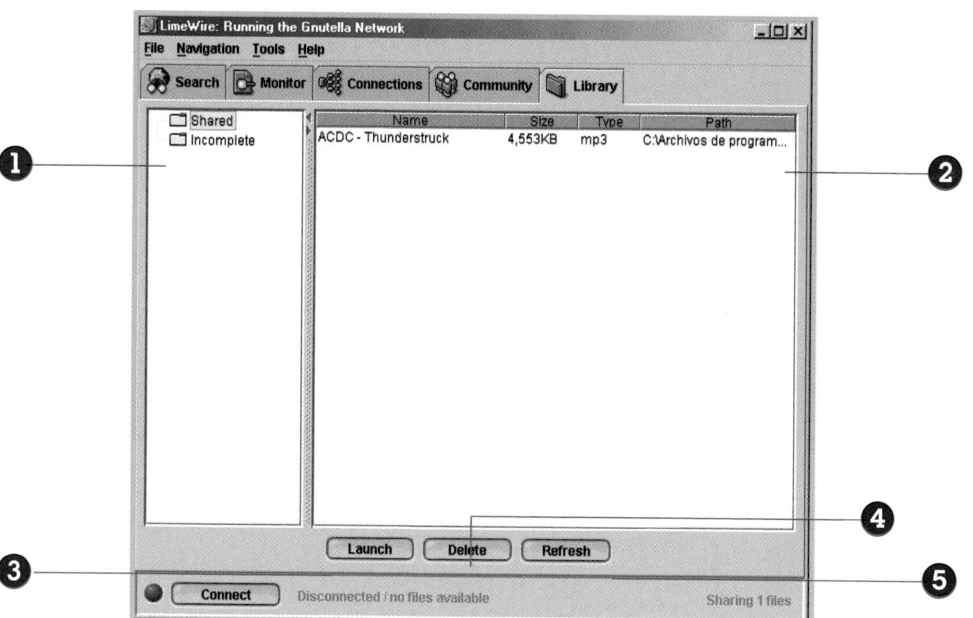

❶ Es la ventana con las diferentes carpetas disponibles (si así lo deseamos, podemos crear nuestras propias carpetas).
❷ El listado con el contenido de las diferentes carpetas.
❸ Reproduce el archivo seleccionado.
❹ Elimina el archivo seleccionado.
❺ Actualiza el contenido de la lista.

DATOS ÚTILES

CONECTARSE A UN GRUPO

El proceso para conectarse a un grupo es muy simple. Basta con seleccionar el grupo de nuestra preferencia y presionar luego sobre `Connect`.

Reproducir un archivo

En la biblioteca podremos acceder a la lista con los archivos incluidos en nuestro disco. Para reproducirlos, hay que seleccionarlos y oprimir `Launch`, que automáticamente pasará a la reproducción utilizando el reproductor instalado por defecto.

Los archivos mostrados en `Library` corresponden a los que originalmente habilitamos para ser compartidos con otros usuarios, o los que se agregan automáticamente luego de realizar las descargas (sean éstas completas o no).

Más opciones

Además de todas las ventajas mencionadas anteriormente, LimeWire guarda más opciones, que son accesibles desde el menú de opciones (en la parte superior de la pantalla).

Ingresando en `Tools`, encontraremos dos alternativas: `Statics y Options...`.

Statics

Esta opción muestra una interesante ventana para ver información variada sobre las conexiones realizadas: a cuántas redes estamos conectados, cantidad de hosts utilizados, cantidad de arribos compartidos y volumen de información (señalado en MB). La **Figura 1** muestra la ventana de `Static`.

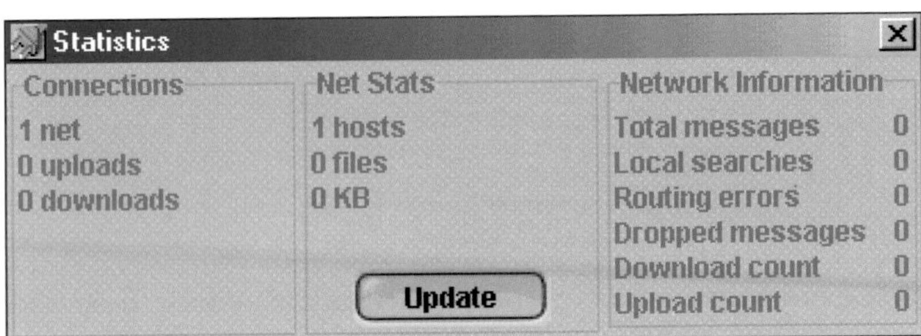

Figura 1. *Statics.*

Options

La segunda opción permite acceder al menú de configuración de LimeWire, desde el cual es posible modificar las carpetas que compartimos y la configuración de la red; así como también utilizar filtros y opciones para la descarga de archivos.

GUÍA VISUAL 9. Options/Sharing

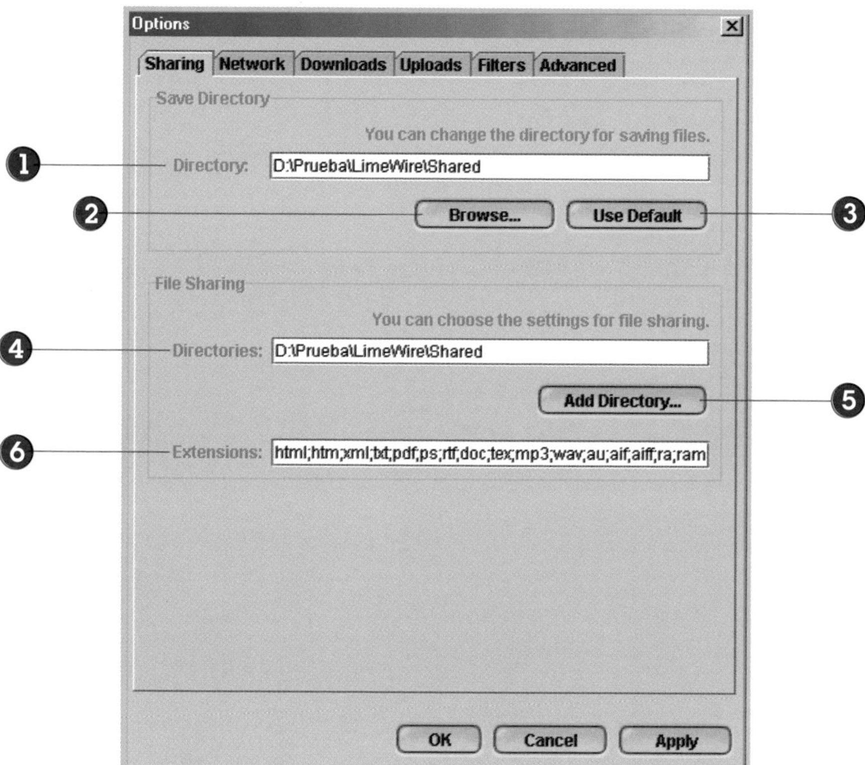

❶ Define el directorio donde se guardarán los archivos que se bajen.
❷ Botón para navegar las unidades y definir otro directorio.
❸ Botón que restaura la ubicación predeterminada del directorio donde se guardarán los archivos.
❹ Define el directorio donde se almacenarán los archivos habilitados para ser compartidos.
❺ Botón para cambiar la ruta sobre el directorio habilitado para compartir archivos.
❻ Listado con las extensiones habilitadas para los archivos compartidos.

GUÍA VISUAL 10. Options/Filters

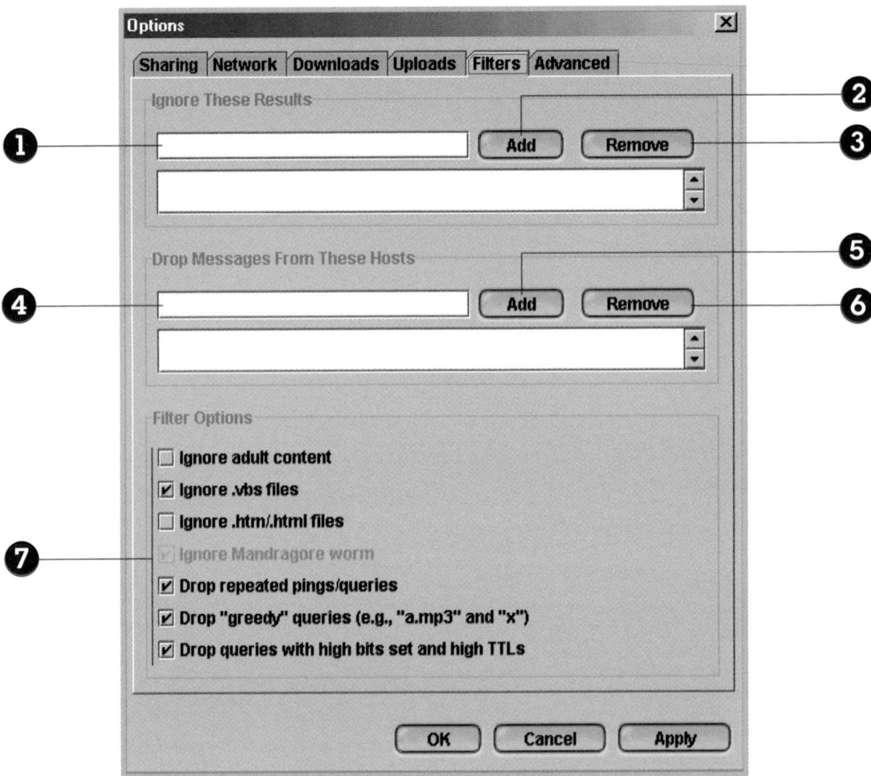

❶ Campo que permite definir caracteres, palabras o cualquier otro elemento para eliminar de los resultados.
❷ Botón para añadir filtros.
❸ Botón para eliminar filtros.
❹ Campo que permite definir un filtro para ciertos IP.
❺ Botón para incorporar un filtro a un IP.
❻ Botón para eliminar el filtro de un IP.
❼ Filtros adicionales que permite evitar el contenido adulto, ignorar cierto tipo de archivos, y otras cosas más.

ACERCA DE LOS FILTROS

Los filtros permiten optimizar las búsquedas realizadas, eliminando los resultados incorrectos.

GUÍA VISUAL 11. Options/Advanced

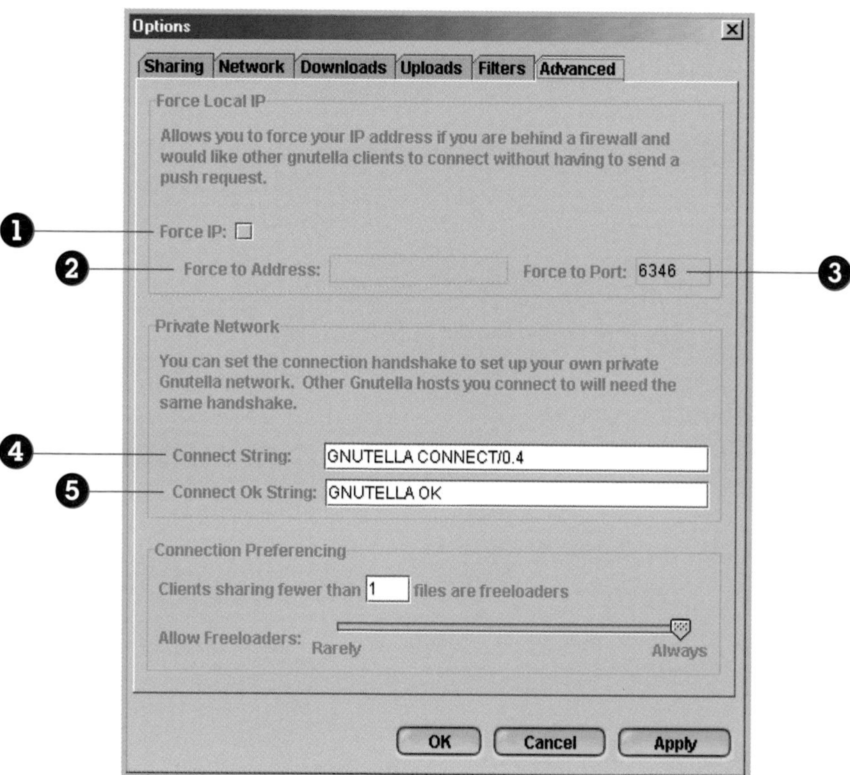

1. Habilita el uso de un IP fijo.
2. Campo para establecer el IP.
3. Campo para establecer el puerto que se utilizará.
4. Para crear una red propia de Gnutella.
5. Opción que permite o no compartir archivos con usuarios que compartan un número menor señalado en el campo superior.

CONFIGURACIÓN DE REDES

Las opciones de `Advanced` están destinadas especialmente a la configuración de redes.

Más soft para intercambiar archivos

Gnumm

Empresa: Mark Essien
Sitio web: gnumm.cuego.com
SO: Windows 9x/Me
Idioma: inglés
Precio: gratuito

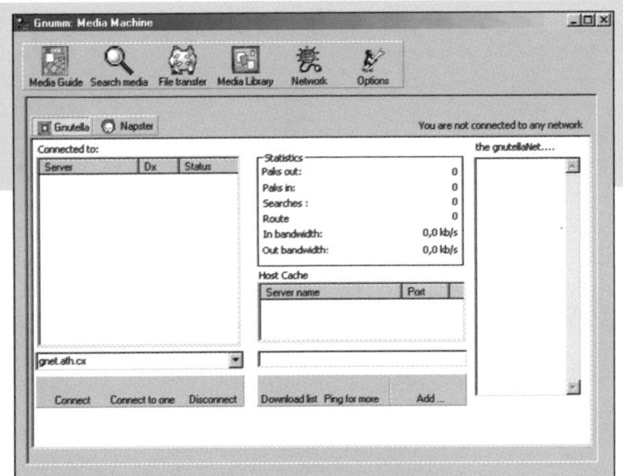

Se trata de un buscador de archivos MP3 que permite realizar búsquedas utilizando los servicios de Napster y Gnutella, lo que incrementa la cantidad y la calidad de los resultados.

audioGnome

Empresa: TheLetterZee
Sitio web: www.audiognome.com
SO: Windows 9x/Me
Idioma: inglés
Precio: gratuito

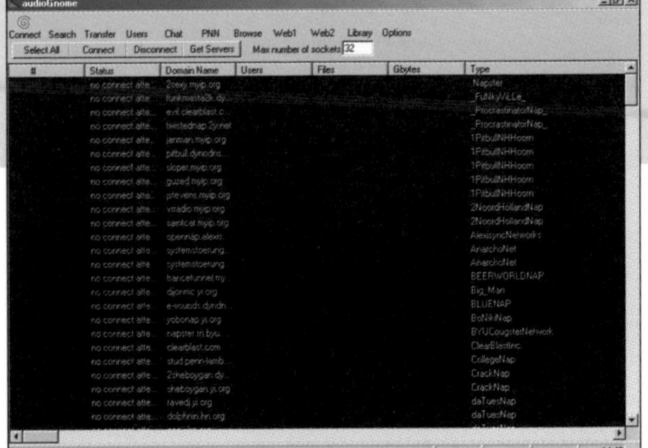

¿Podrá audioGnome llenar el vacío que posiblemente deje Napster si deciden cerrarlo?

Por el momento no podemos saberlo, pero al menos contamos con esta excelente herramienta para el intercambio de archivos. Este programa incluye soporte para un gran número de servidores, funciones de chat, un browser y una opción para agregar usuarios a nuestra lista de favoritos.

ComTry MP3 Downloader

Empresa: ComTry Services
Sitio web: www.mp3downloader.com
SO: Windows 9x/Me
Idioma: inglés
Precio: gratuito

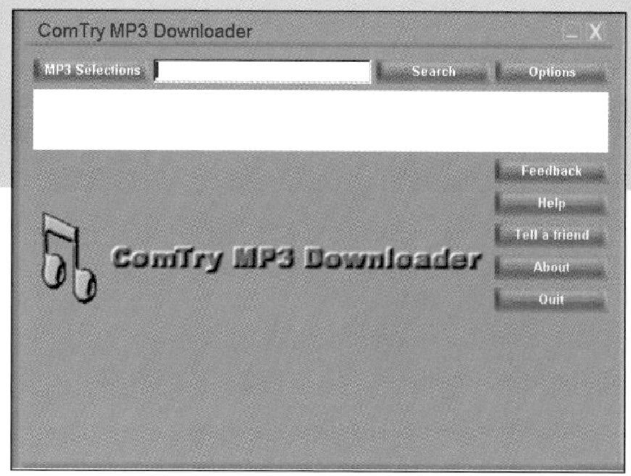

Otra alternativa en lugar de Napster. Incluye un gran número de buscadores para acceder a archivos MP3, y posee funciones que permiten pausar o cancelar descargas, resumir transferencias y modificar su apariencia mediante el uso de skins.

FileFunnel

Empresa: Headligght Software
Sitio web: www.filefunnel.com
SO: Windows 9x/Me
Idioma: inglés
Precio: gratuito

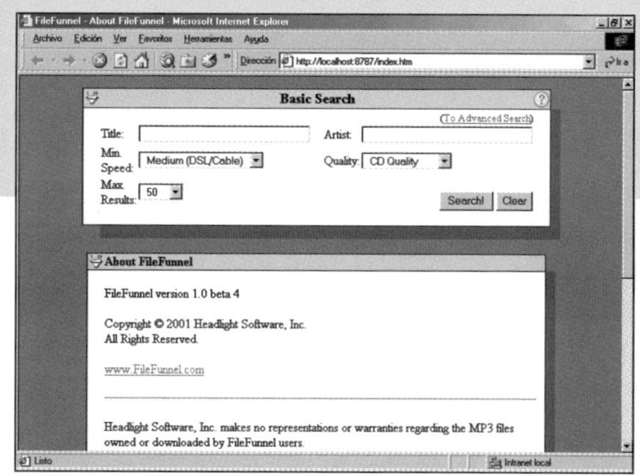

Se trata de una interesante aplicación que permite utilizar los servicios de Napster desde la Web. Su principal ventaja es que posibilita manejar las links de cada archivo con cualquier administrador de descargas. Además, se puede ver un LOG con las transferencias, realizar búsquedas avanzadas y observar estadísticas de la actividad.

BearShare

Empresa: BearShare
Sitio web: www.bearshare.com
SO: Windows 9x/Me
Idioma: inglés
Precio: gratuito

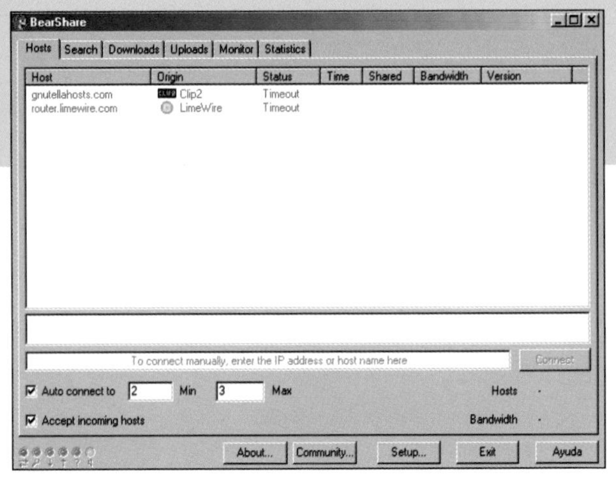

Es un popular cliente de Gnutella (que intenta reemplazar al famoso Napster), pero con características totalmente distintas. Con BearShare es posible compartir cualquier tipo de archivos, no solamente MP3; incluye un completo monitor de las transferencias realizadas, y la posibilidad de observar las subidas y las descargas que se están realizando.

WinMX

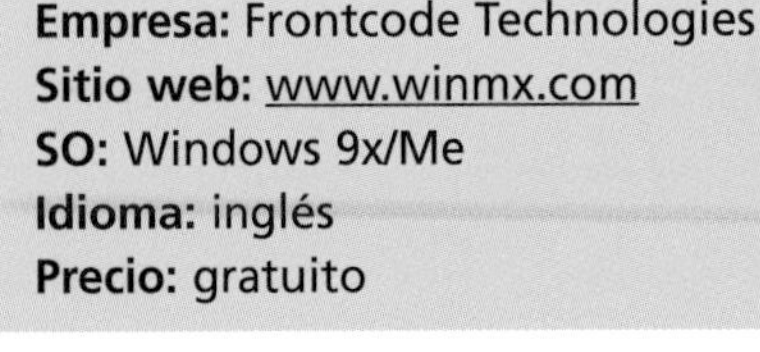
Empresa: Frontcode Technologies
Sitio web: www.winmx.com
SO: Windows 9x/Me
Idioma: inglés
Precio: gratuito

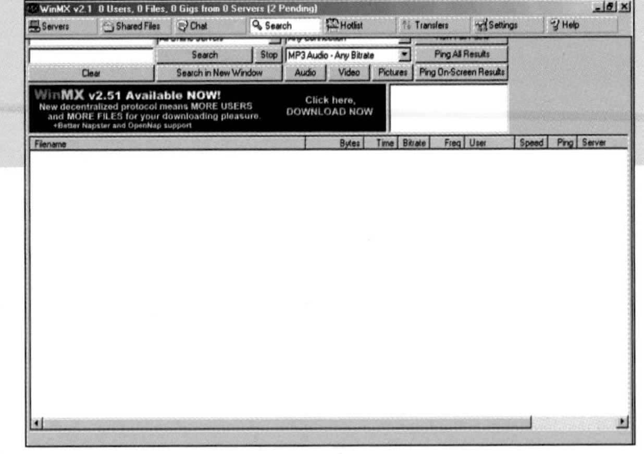

Una aplicación más que intenta ocupar el espacio que poco a poco deja vacante Napster.

WinMX es hoy en día una de las aplicaciones más utilizadas para el intercambio de cualquier tipo de archivos. Su uso es simple y permite conseguir rápidamente resultados satisfactorios. Sólo debemos conectarnos a los servidores que por defecto incluye el programa, y luego realizar cualquier tipo de búsqueda. Algunos de sus principales atributos son la velocidad con la que consigue los resultados y su amigable interfase.

Napster

Empresa: Napster, Inc.
Sitio web: www.napster.com
SO: Windows 9x/Me
Idioma: inglés
Precio: gratuito

La nueva versión del popular Napster que ya cuenta con los controles para evitar la distribución de material con derechos de autor. Debido a esto los resultados de sus búsquedas se encontrarán realmente reducidos. Además, este servicio ya no cuenta con la gran cantidad de usuarios que forjaron esta aplicación.

Audiogalaxy Satellite

Empresa: Audiogalaxy, Inc.
Sitio web: www.audiogalaxy.com
SO: Windows 9x/Me
Idioma: inglés
Precio: gratuito

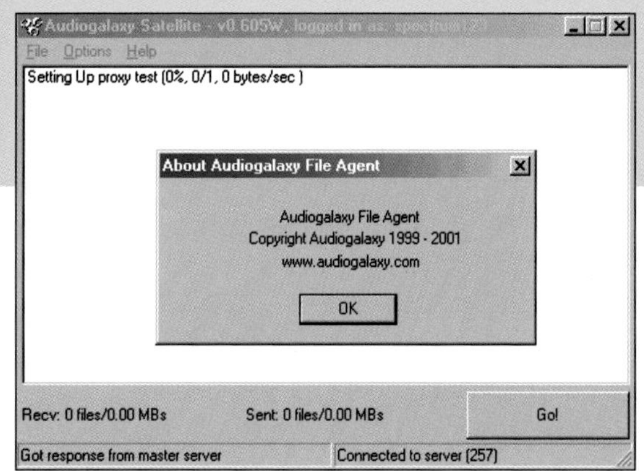

Las aplicaciones que intentan tomar el puesto de Napster son varias, pero pocas con propuestas serias e innovadoras. Una que se destaca es Audiogalaxy Satellite. Se trata de un nuevo servicio basado en la Web que realiza búsquedas y emplea un pequeño cliente en nuestra PC. Además, hace uso de una tecnología que facilita conseguir los archivos desde la ubicación más cercana y con la mayor velocidad posible.

iMesh

Empresa: iMesh.com, Inc.
Sitio web: www.iMesh.com
SO: Windows 9x/Me
Idioma: inglés
Precio: gratuito

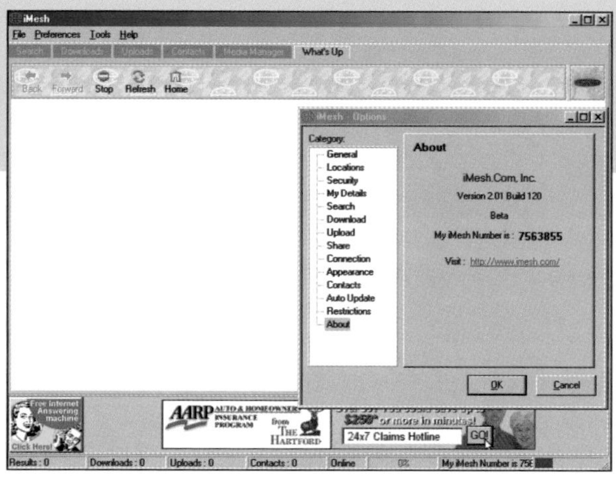

Ésta es otra de las aplicaciones elegidas por millones de usuarios para intercambiar archivos; pero no sólo archivos MP3, sino también de video, programas y cualquier otro tipo. La tecnología implementada permite conectar a los usuarios directamente, sin necesidad de ningún servidor. Esto posibilita conseguir resultados más confiables y acelerar la velocidad de transferencia, que puede ser pausada con diferentes niveles de prioridad.

KaZaA Media Desktop

Empresa: FastTrack
Sitio web: www.kazaa.com
SO: Windows 9x/Me
Idioma: inglés
Precio: gratuito

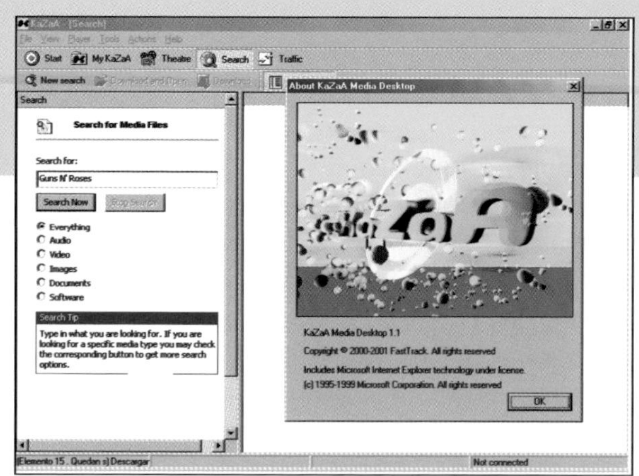

KaZaA es una nueva aplicación que hace uso de la tecnología Peer-to-peer (a la que le ha añadido importantes mejoras con las que se logran transferencias más veloces y de mejor calidad). Además, incluye importantes agregados, como un reproductor interno, la posibilidad de compartir cualquier tipo de archivos, una completa lista de reproducciones y un poderoso buscador.

Otras formas de compartir y conseguir archivos MP3

El uso de conocidas aplicaciones como Napster, LimeWire o iMesh no es la única alternativa para conseguir archivos MP3. También es posible descargar archivos de este tipo tanto desde páginas web como desde servidores FTP. En caso de que en ninguno de los servicios populares de intercambio de archivos hayamos podido encontrar lo que buscábamos, las páginas web con poderosos buscadores y completas colecciones musicales pueden ser nuestra solución.

Por otra parte, en algunas oportunidades pueden conseguirse mayores velocidades de transferencia desde una página que desde alguno de los otros servicios con gran cantidad de usuarios conectados –ya que este factor hace que disminuya su velocidad de transferencia–. Con respecto a esto, también hay que tener en cuenta que influye mucho la conexión a Internet con que contemos.

Bajar archivos de páginas web

En Internet encontraremos miles de páginas web que ofrecen archivos MP3. Muchas cuentan con cientos o miles de archivos de distintos géneros musicales listos para descargar; también proveen de rankings y variada información referida al MP3 (como tutoriales, preguntas frecuentes y últimas noticias).

Asimismo es posible encontrar páginas web específicas sobre un artista. Éstas son ideales, ya que, en muchas ocasiones, están construidas por fanáticos que poseen canciones difíciles de conseguir, o que proponen el intercambio de información entre sus usuarios.

Para descargar archivos MP3 desde páginas web, es recomendable el uso de administradores de descargas. Se trata de aplicaciones que permiten programar la bajada de los archivos (resultan ideales para programarla en los horarios en los que el tráfico es menor), organizan varias carpetas, y algunas cosas más.

Pero la función principal de estas aplicaciones es la de resumir las transferencias. Resumir una transferencia implica poder pausar una bajada para continuarla luego, o retomarla desde la última transferencia, en caso de que haya sido interrumpida. El beneficio de esta opción es el ahorro de tiempo y dinero en nuestras conexiones. Además, muchas de estas aplicaciones incluyen funciones especiales que incrementan la velocidad de transferencia.

Las aplicaciones más conocidas para la administración de descargas son GO!ZILLA, GetRight y Download Accelerator (incluidas en el CD que acompaña a este libro).

Buscar y bajar un MP3 desde una página web — Paso a paso

❶ Ingresaremos en la página desde donde se realizará la descarga (puede ser una página personal, un portal, etc.).

El funcionamiento de estos buscadores es igual que el de los más populares, como Google o Yahoo!.

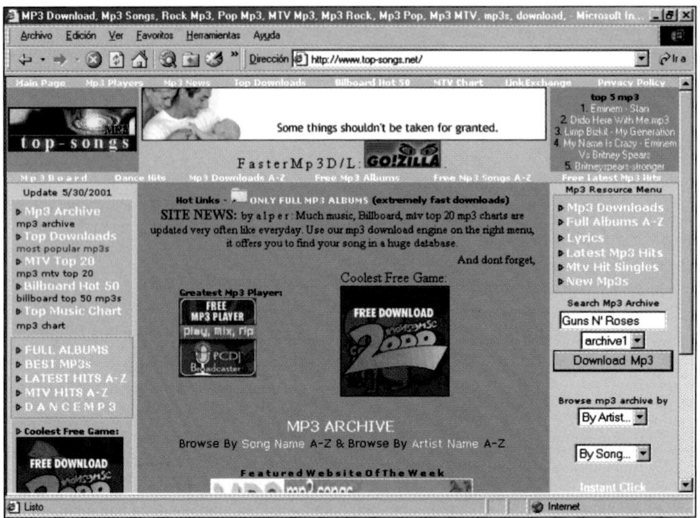

❷ Ahora es el momento de bajar el archivo. Debemos tener en cuenta que algunos sitios simplemente lo muestran, pero éste se encuentra almacenado en otra página y su link seguramente nos dirigirá hacia ella. Sea cual fuere el método utilizado, llegaremos al lugar desde donde se ejecutará la descarga.

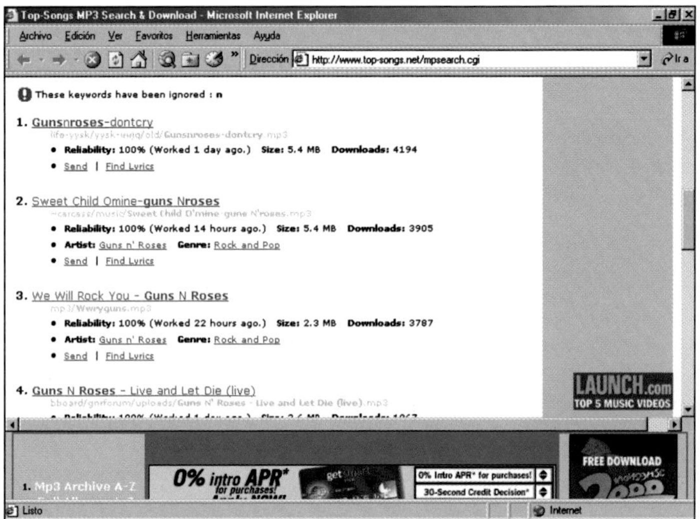

❸ Sólo deberemos hacer un clic sobre el archivo que hay que bajar. Si no utilizamos un administrador de descarga, se abrirá una ventana del sistema que informará de la transferencia del archivo. Pero, si utilizamos algún tipo de software para realizar la tarea, se abrirá una ventana correspondiente a la aplicación. Usualmente, estas aplicaciones se integran en el sistema, y más precisamente en los browsers; detectan cuando deseamos bajar un archivo y se encargan de la tarea automáticamente.

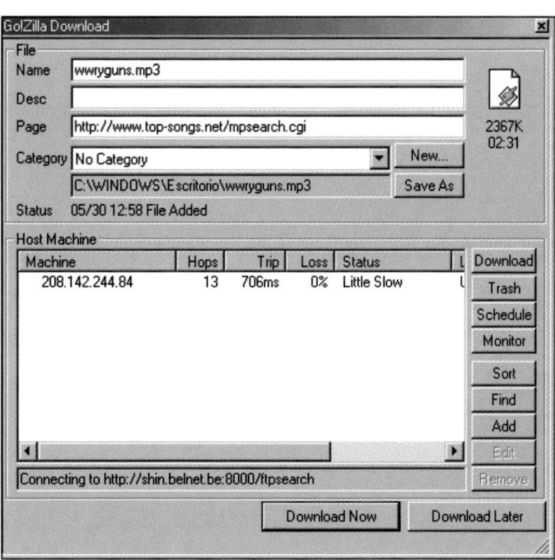

❹ Esta ventana pertenece a GO!ZILLA. En ella se informa del nombre del archivo por descargar, la ubicación, el tamaño y más. Ofrece varias opciones de descargas: crear categorías (para que al bajar los archivos éstos se guarden automáticamente en diferentes carpetas) o agregar descripciones a los archivos por bajar.

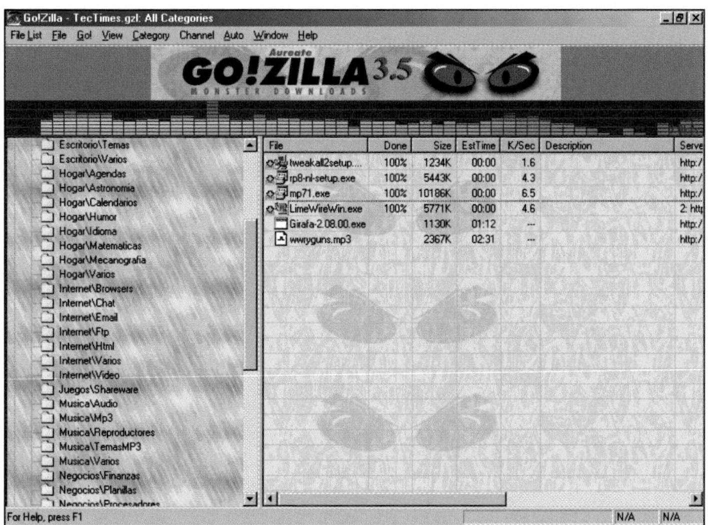

5 Si deseamos bajar el archivo ahora, deberemos presionar sobre `Download Now`; y si queremos hacerlo más tarde, sobre `Download later`.

La siguiente ventana muestra el proceso de descarga de un archivo. Obsérvese la barra de progreso con los descargados, la velocidad de transferencia, la cantidad descargada y la información sobre si incluye la posibilidad de resumen, entre otras cosas.

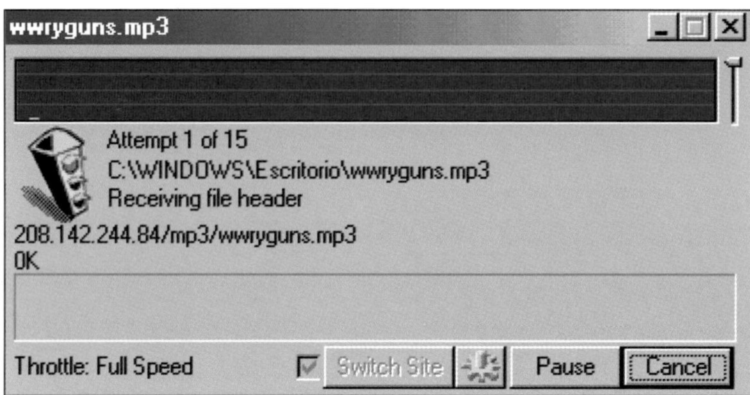

Otra importante característica de los administradores de descargas es que posibilitan la creación de carpetas para la administración. De esta forma podemos crear categorías según los artistas, gustos musicales, etc. Hay que recordar que podremos programar el momento en el que comienzan las descargas.

La mayoría de las aplicaciones incluyen también diversas funciones extra, como la posibilidad de integrarlas en nuestro antivirus preferido: esto nos permitirá asegurarnos de que las descargas no contienen ningún tipo de virus.

Además, al programar las descargas, podremos definir otras opciones; como la posibilidad de terminar la conexión, o de apagar el equipo en un momento indicado o al finalizar las transferencias programadas.

ADMINISTRADORES DE DESCARGAS

En el CD-Rom que acompaña al libro podrán encontrar éste y otros administradores de descargas.

CAPÍTULO 5

Skins

Unos de los accesorios más populares para las aplicaciones relacionadas con el MP3 son las skins. Éstas otorgan diferentes estilos de interfase que contribuyen a la personalización de programas. Winamp fue de los primeros en incluirlas. Pero, hoy en día, esta característica es adoptada por la mayoría de las aplicaciones: reproductores, relojes, calculadoras y los más diversos dispositivos la han incorporado entre sus opciones.

Otros programas que permiten modificar su apariencia mediante el uso de skins relacionadas con los archivos MP3 son Sonique, MusicMatch y FreeAmp. En el CD incluido en este libro hay una amplia galería de ejemplos.

SERVICIO DE ATENCIÓN AL LECTOR
(54-11) 4959-5000 / lectores@tectimes.com

Usar una skin con Winamp

El uso de skins con Winamp es una de las cosas que sus desarrolladores se han encargado de facilitar a lo largo de las diferentes versiones. Una de sus principales características es que se pueden incluir en archivos `ZIP` o en formatos especiales, como `WSZ`, que no requieren ser descomprimidos, ya que Winamp los reconoce automáticamente.

En primer lugar, debemos copiar las skins deseadas en la carpeta donde almacenaremos las skins que se utilizarán. Esta carpeta, usualmente, se encuentra dentro del directorio donde está instalado Winamp (por ejemplo: `C:\Winamp\Skins`); pero es posible modificarlo desde la opción `Skins`, dentro de `Winamp Preferences`, con un clic sobre `Set skins directory...` (una forma más sencilla de acceder a este menú es con el atajo de teclado `ALT+S`).

Una vez copiados los archivos en la carpeta correspondiente o modificada la ruta en donde los almacenaremos, podremos observar el listado con todas las skins disponibles. Éste es un práctico browser para seleccionar de manera adecuada la que se desea utilizar. Un interesante agregado es el que permite utilizar una skin al azar cada vez que reproducimos un archivo. Esta opción se habilita o deshabilita presionando el botón `Random skin on Play` (ubicado en la parte inferior de la pantalla, junto al botón definido para seleccionar la ubicación de las skins).

La ventana que se ubica debajo del listado provee de información adicional sobre el o los creadores de la skin; así como también sobre contactos y datos de diferentes versiones, entre otras cosas.

Para comenzar a utilizar cualquiera de las skins disponibles, sólo deberemos seleccionarla y veremos cómo automáticamente queda aplicado el cambio. Cuando hayamos encontrado la de nuestro agrado, habrá que presionar `Close` para finalizar el proceso.

Muchas de las skins no solamente se encargan de modificar la interfase, sino que incluyen los cursores correspondientes para complementarlas, y ofrecen la ventaja de utilizar cursores con estilo. La **Figura 1** nos muestra la pantalla para la elección de skins.

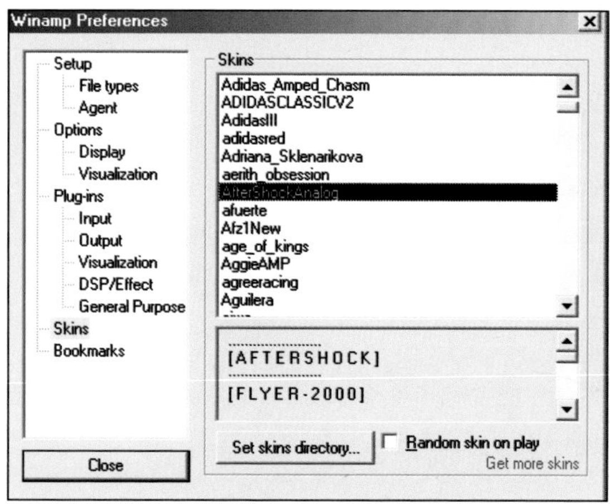

Figura 1. Pantalla principal para utilizar una skin.

Cómo crear una skin para Winamp

También es probable que no nos agraden las miles de skins que circulan por Internet, ni ninguna de las incluidas en el CD de este libro; o que sólo deseemos poder desarrollar una totalmente personal. En ese caso, no debemos perdernos de la fantástica aplicación especial de Winamp para crear skins. El programa en cuestión se llama **Winamp Skin Maker**, y posee un manejo sencillo y práctico para desarrollar nuestras propias skins en unos pocos pasos.

GUÍA VISUAL 1. Pantalla principal de Winamp Skin Macker

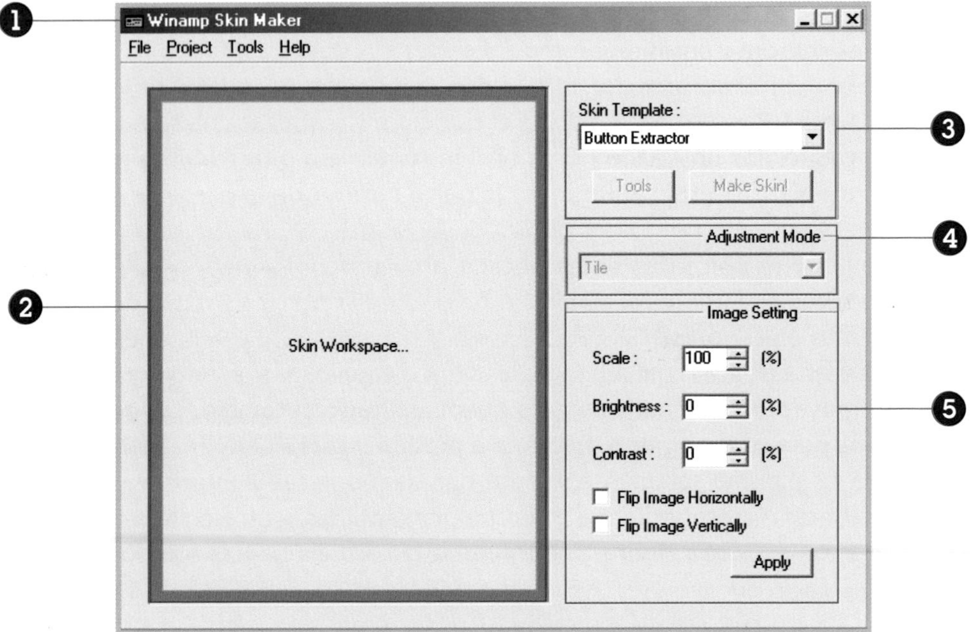

❶ Barra de menúes.
❷ Área de trabajo.
❸ Para definir el estilo de la skin.
❹ Opciones para trabajar con la alineación de la/s imagen/es seleccionada/s.
❺ Opciones individuales de brillo, contraste y variantes para aplicar a la imagen.

El funcionamiento de este programa es muy sencillo, ya que al ingresar una imagen y definir algunos valores, es posible crear llamativas skins en cuestión de segundos. Para realizar la skin, el programa permite manejar tres de las ventanas de Winamp más utilizadas: el reproductor, el ecualizador y la lista de reproducciones.

Los formatos gráficos soportados por esta aplicación son el JPG y el BMP.

Para comenzar, debemos definir si trabajaremos con una imagen o con varias. Esta opción se encuentra dentro del menú `File:` la primera, `Open Image...`, es para utilizar una sola; en cambio la segunda, `Load Multiple Image`, permite utilizar varias.

Si lo deseamos, podemos usar una imagen de nuestra preferencia, como la de nuestro equipo favorito de fútbol, o una fotografía con la familia. Pero también es posible, como ya dijimos, desarrollar una totalmente personal (por ejemplo, podemos crear una imagen con el tamaño del reproductor principal y cambiar el display rectangular por uno circular).

Una vez seleccionadas la o las imágenes, es hora de ajustarlas al tamaño de la ventana (si queremos disponer de una imagen en forma continua para los tres componentes, ésta debe medir, como mínimo, 348 pixeles de alto). Para proceder a este ajuste de la imagen, debemos definir, en la opción `Adjustment Mode`, el tipo de alineación. Hay tres opciones posibles:

`Free`: permite definir libremente la ubicación de la imagen en cada componente, de manera individual.

`Tile`: utiliza la misma ubicación en los tres componentes, pero individualmente.

`Continous`: maneja la misma imagen para los tres componentes.

Cuando tengamos la imagen en la ubicación deseada, deberemos incluir los controles de Winamp.

Para ello, primero debemos definir el estilo que utilizaremos. Esta opción está disponible en el menú desplegable, en `Skin Template` (parte superior del programa), y ofrece los siguientes estilos: `Button Extractor`, `Default`, `Full Transparent`, `Round Corner`, `Transparent 3D` y `Transparent Bitmap`.

Una vez que hayamos seleccionado el estilo, deberemos presionar sobre el botón `Make Skin!` para aplicarlo. Si el resultado no es el esperado, podremos modificar el estilo (deshaciendo previamente los cambios por medio de `Undo Skin...`) con sólo seleccionar uno nuevo y repetir el paso anterior.

Cuando la ubicación de la imagen y el estilo utilizados sean de nuestro agrado, será hora de proceder a otras modificaciones en los colores del ecualizador gráfico o en la fuente utilizada en la lista de reproducciones.

Para ello, desde el botón `Tools` será posible acceder a dos opciones:

IDEAS

UNA INTERESANTE CARACTERÍSTICA

Se puede usar más de una imagen en la composición de la skin. Winamp permite definir, si el usuario lo desea, una imagen distinta para cada componente de Winamp.

`Visualization Color Editor`: permite cambiar los colores de la visualización de Winamp. Para esto, sólo hay que realizar un clic sobre cualquiera de los pequeños rectángulos, y en la nueva ventana, seleccionar el color (ver **Figura 2**).

***Figura 2.** La opción `Visualization Color Editor`.*

`Gradient`: corresponde al efecto aplicado sobre los colores. En esta opción se abre una nueva ventana, en la cual se podrá definir qué colores utilizar en el efecto (**Figura 3**).

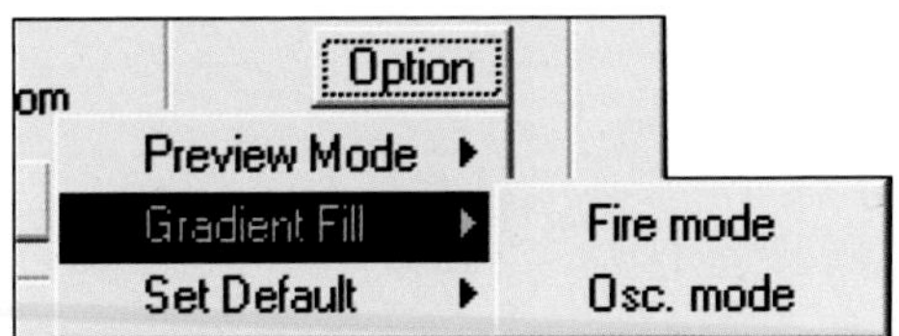

***Figura 3.** La opción `Gradient`.*

Por último, en el menú `Option` se incluye la posibilidad de aplicar los colores que por defecto ofrece Winamp para las visualizaciones, o utilizar los colores seleccionados para la skin (**Figura 4**).

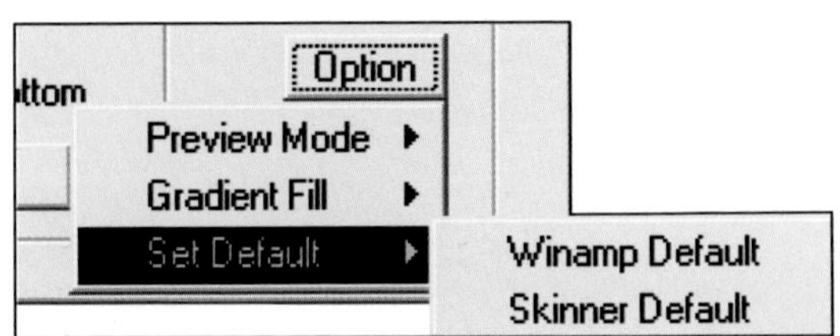

***Figura 4.** Aplicación de colores a través de `Option`.*

Ya en la ventana principal, nuevamente será posible seguir realizando modificaciones sobre la interfase. En esta oportunidad, podremos modificar el texto utilizado en la pantalla principal de Winamp (el reproductor), así como el background y el color de texto.

GUÍA VISUAL 2. Opciones para realizar modificaciones en la interfase

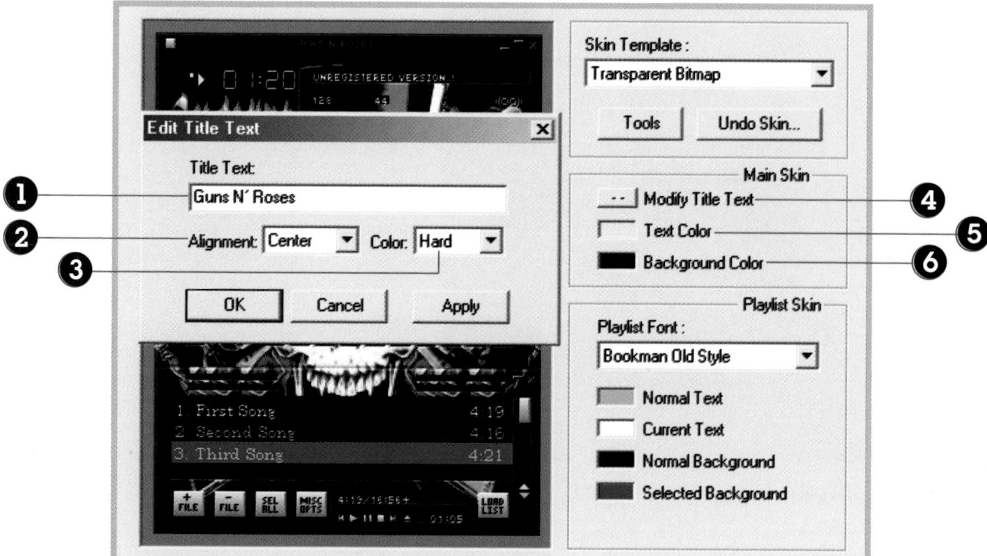

❶ Inserta el texto que deseamos.
❷ Selecciona la alineación del texto.
❸ Permite definir el color que se utilizará sobre el texto.
❹ Para modificar el texto de la ventana principal.
❺ Para seleccionar el color del texto.
❻ Para seleccionar el color del *background* o fondo.

Las últimas opciones ofrecidas por esta aplicación para la personalización de la skin corresponden a la lista de reproducciones.

APLICACIÓN DE LOS CAMBIOS

Para aplicar los cambios realizados sobre los estilos de visualización, o para aplicarlos y seguir realizando modificaciones, deberemos presionar el botón `Apply`. Habrá que oprimir `OK` para aplicar los cambios realizados y finalizar. Si deseamos cancelar las modificaciones, simplemente cliquearemos sobre `Cancel`, y los cambios hasta aquí realizados se anularán.

GUÍA VISUAL 3. Más opciones para la personalización de la skin

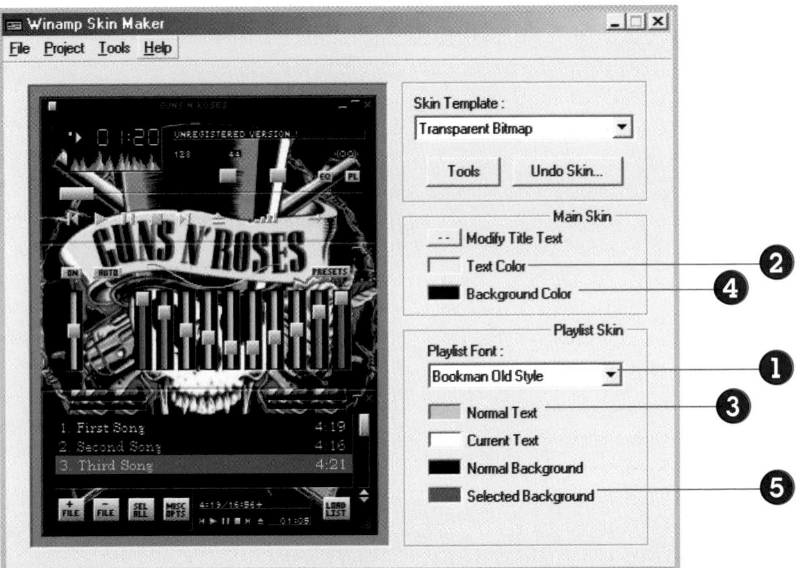

❶ Fuentes disponibles para utilizar.
❷ Color del texto.
❸ Color del texto de la canción seleccionada.
❹ Color de fondo.
❺ Color de fondo sobre la selección.

Una vez que hayamos finalizado con todos los cambios, podremos optar por guardar el proyecto, comenzar uno nuevo o retomar uno anteriormente comenzado. Para realizar dichas acciones, sólo es necesario seleccionar la que más nos convenga desde el menú `Project`, en la barra de menúes. Aquí también encontraremos una interesante opción adicional, `Option`, que muestra una nueva ventana con más opciones.

COLORES INDEPENDIENTES

Debemos tener en cuenta que los colores se agregan a los habitualmente utilizados; para que combinen con el diseño seleccionado.

GUÍA VISUAL 4. Opciones adicionales

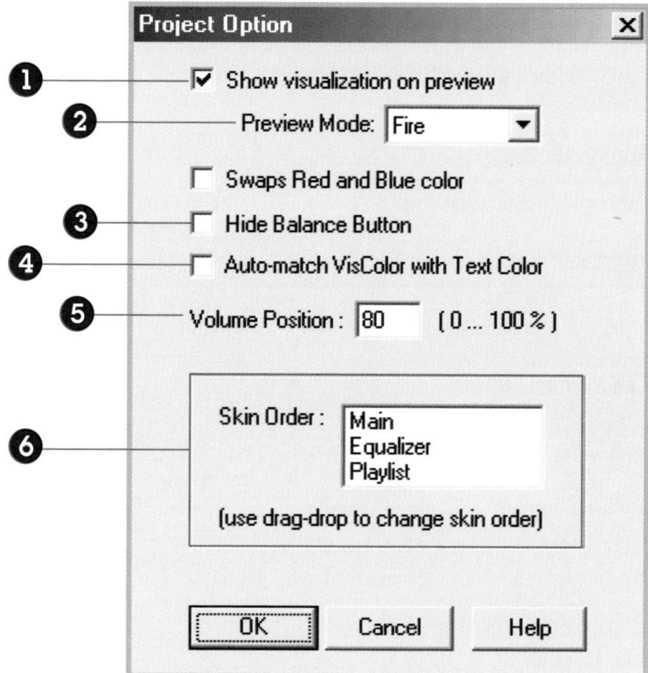

❶ Permite observar el estilo de visualización en la vista previa.
❷ Para solucionar posibles errores en los colores, a causa de la placa de video.
❸ Oculta el botón de balance.
❹ Modifica automáticamente los colores de la visualización.
❺ Permite definir la posición del volumen.
❻ Para modificar la posición de las ventanas de Winamp.

Para finalizar con la creación de la skin, es necesario grabarla. Esta opción la encontraremos en el menú `Save...` (**Guía Visual 5**).

SKINS 3X

La próxima versión de Winamp, la 3X, no incluirá soporte para las skins desarrolladas en las versiones anteriores del programa.

GUÍA VISUAL 5. La grabación de una skin

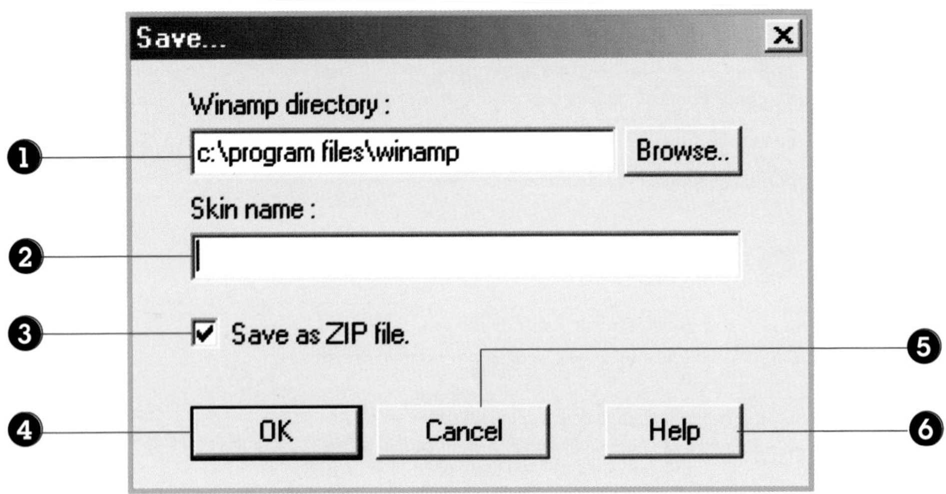

❶ Define la ubicación para guardar el archivo.
❷ Define el nombre de la skin.
❸ Es la opción que permite guardar el archivo en forma comprimida (recordemos que Winamp reconoce automáticamente un archivo comprimido ZIP que contenga una skin).
❹ Guarda la skin.
❺ Cancela la grabación.
❻ Proporciona ayuda adicional.

La skin ya ha sido personalizada y grabada. Si elegimos grabarla en la carpeta correspondiente a las skins dentro de Winamp, ya podremos utilizar nuestra creación en cuanto lo deseemos.

RECUERDE

Podrán encontrar esta aplicación, además de cientos de ejemplos, en el CD que acompaña a este libro.

Galerías de skins

Winamp

Para instalar una skin de Winamp debemos, en primer lugar, crear nuestros propios componentes y luego una carpeta con el nombre para el template. Esta carpeta debemos crearla dentro del directorio donde está instalado Winamp Skin Maker (por ejemplo: `C:\Skinner\Templates\Gustavo`).

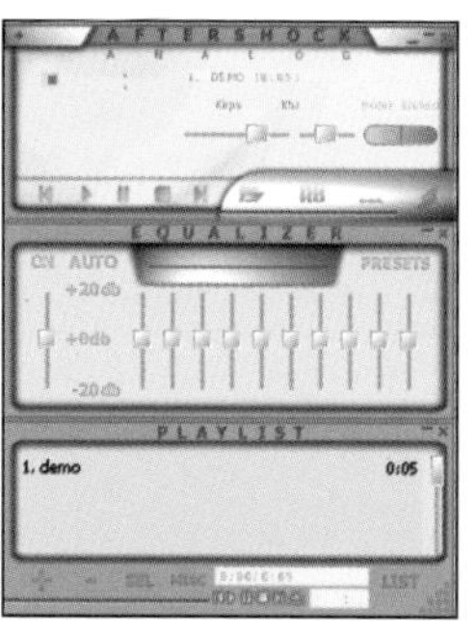

After

Aiwa

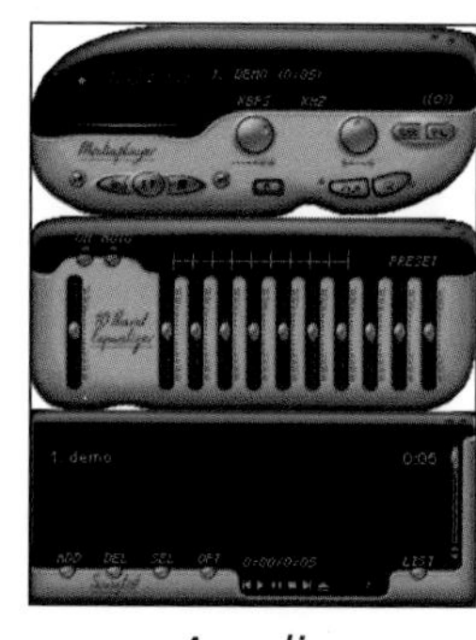

Ancolie

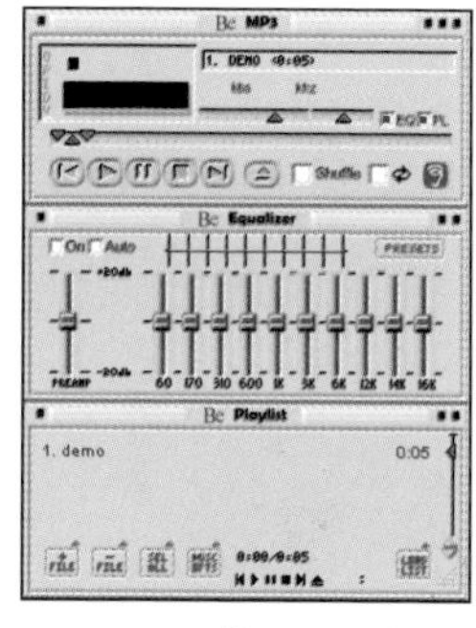

Be

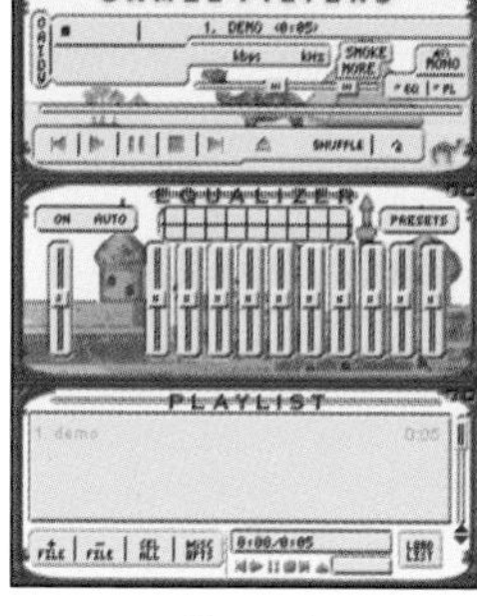

Camel

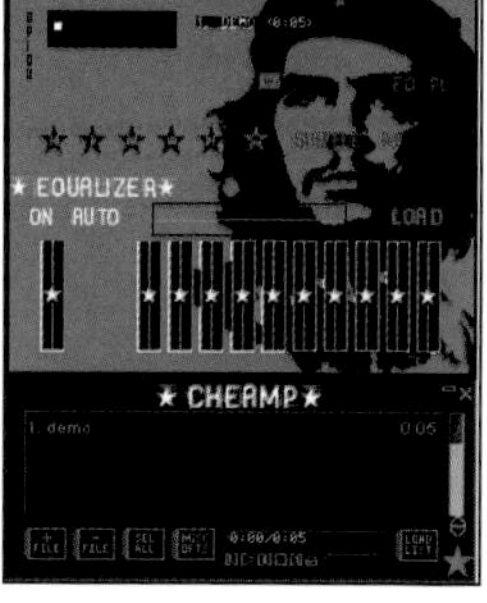

Che

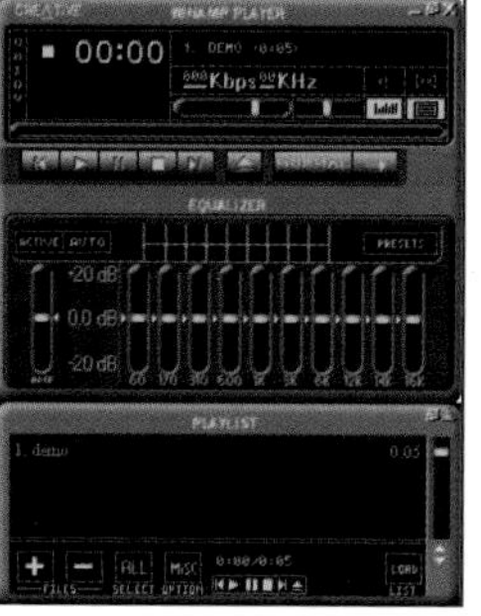

Creative

Eleganz

Eminem

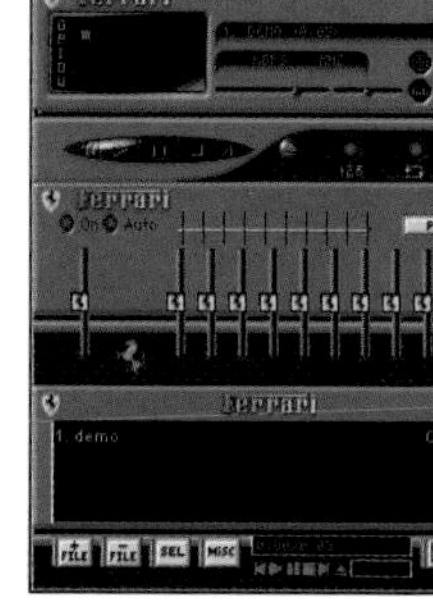

Ferrari

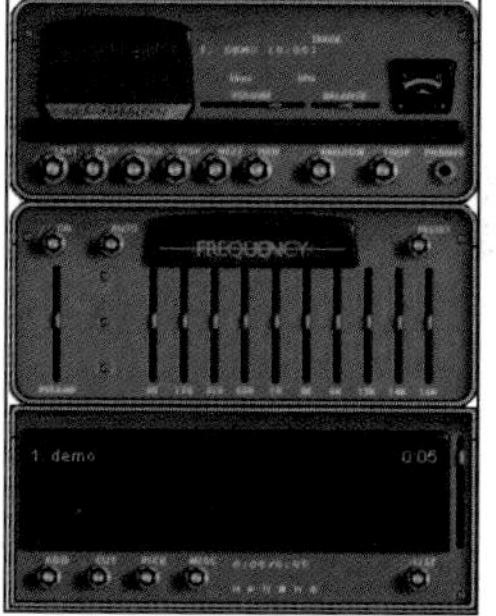

Frecuency

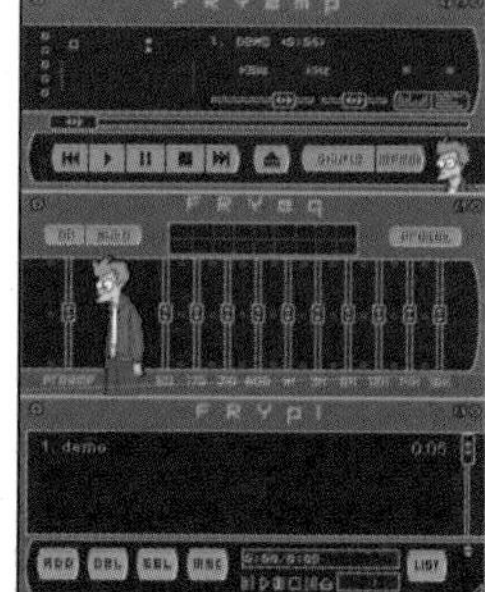

Fry

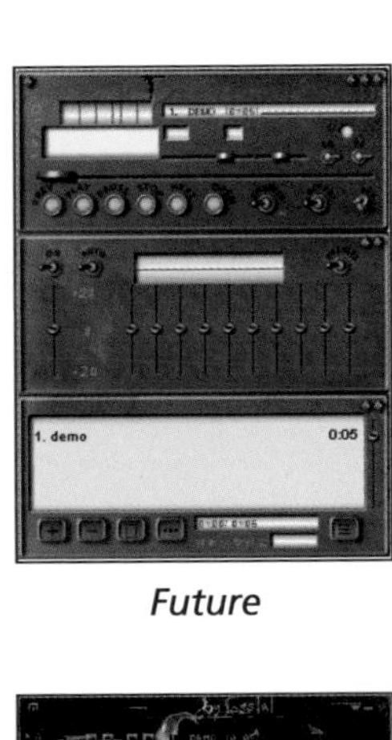

Future

GNR

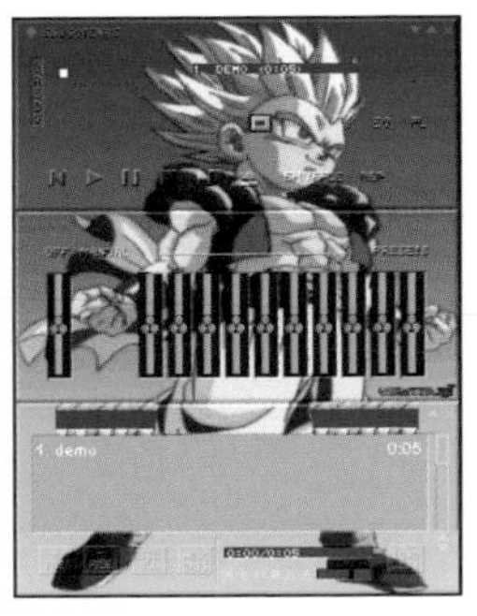

Goku

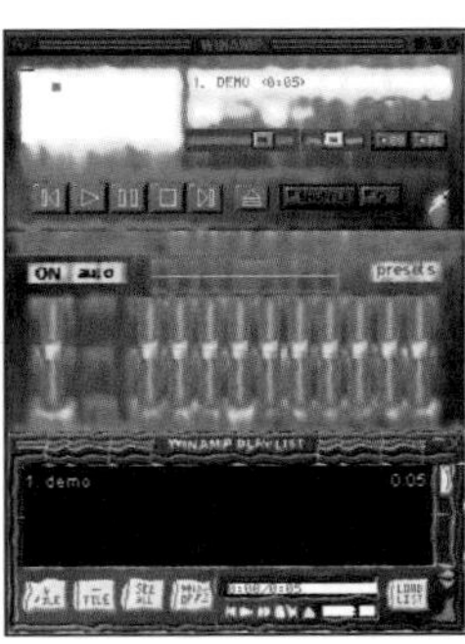

Inferno

Limp

LinuxAMP

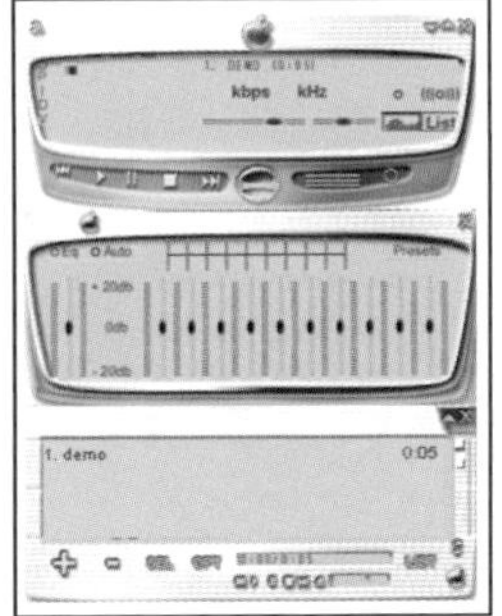

Mac

Marlboro

Marshall

Moto

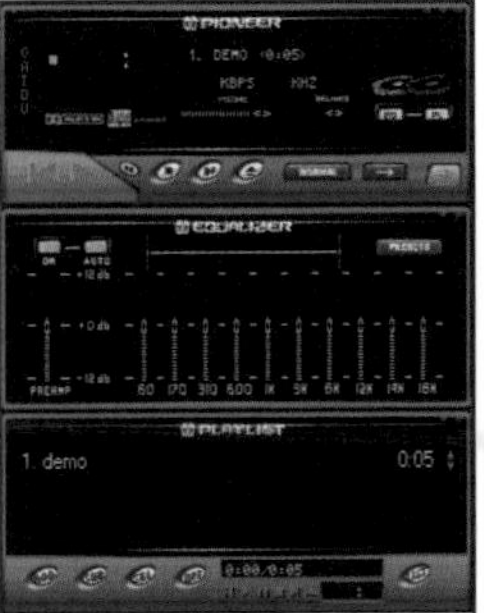

Pioneer

Pokémon

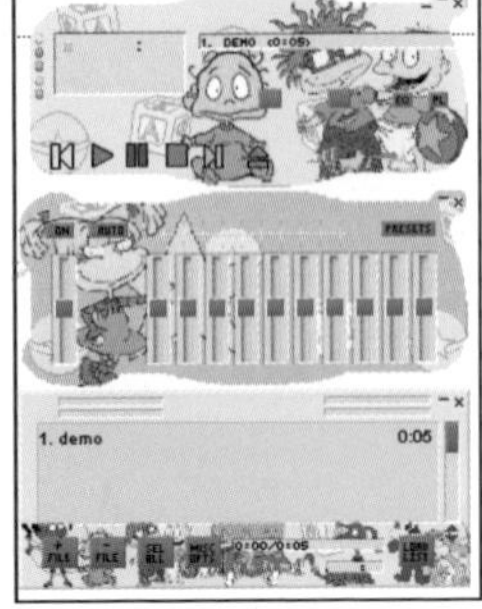

Rugrats

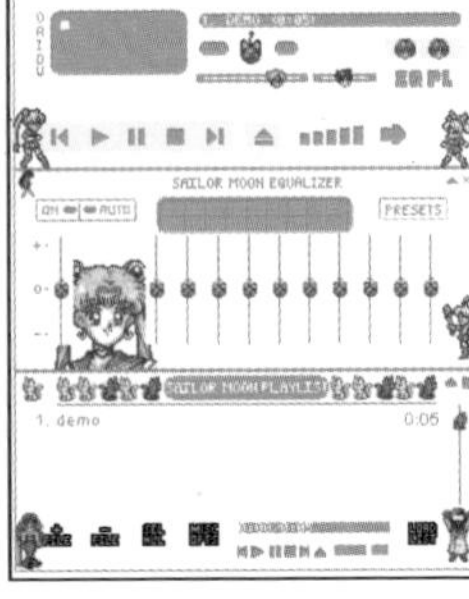

Sailor

Scream

Shock

Sonique

Instalar una skin de Sonique es un tarea sencilla. Simplemente deberemos copiar los archivos correspondientes a las skins propios de Sonique con extensión **SGF**, dentro de la carpeta **Skins**, en el directorio donde se halla instalada la aplicación (por ejemplo: **C:\Archivos de programa\Sonique\skins**).

Alienation

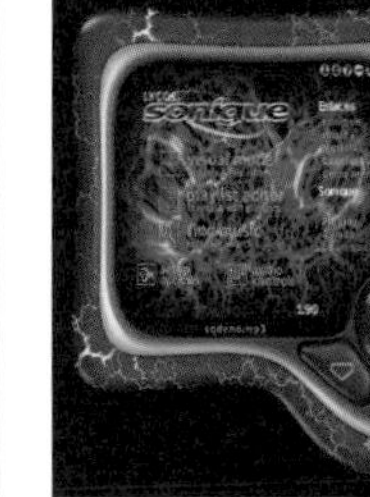

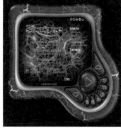

Antiplastic

Beetle

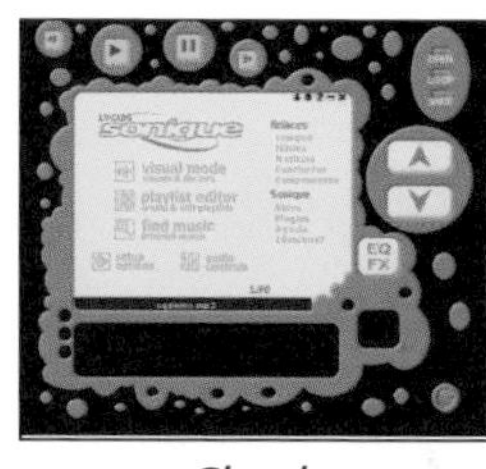

Chuck

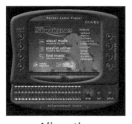

Alienation

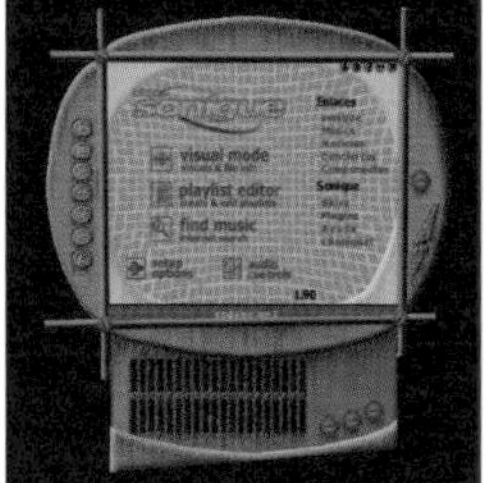

Corrosion

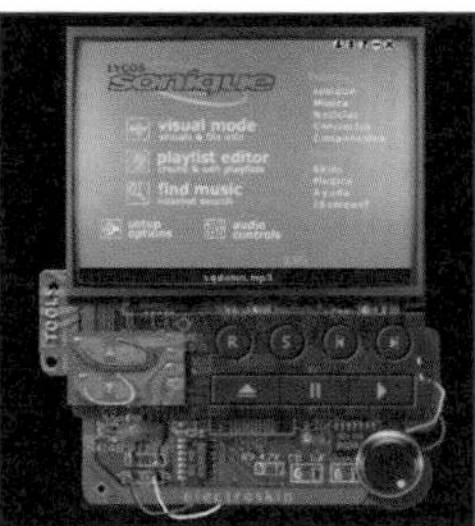

Electroskin

LCD

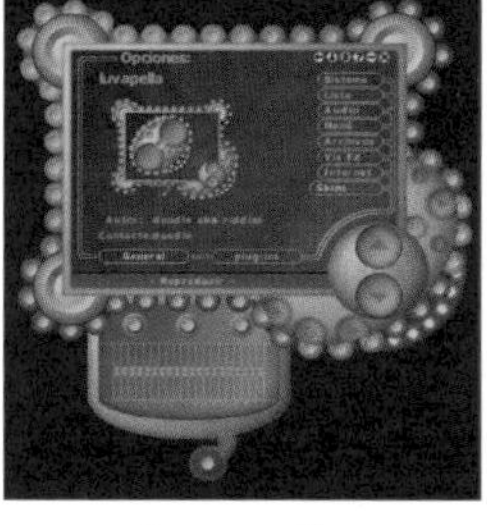

Luvapella

Microsonique

Pino

Q3

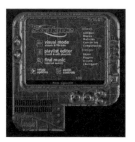

Reptile

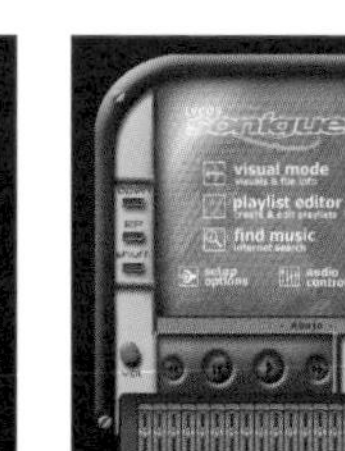

Sonitek

Vertego

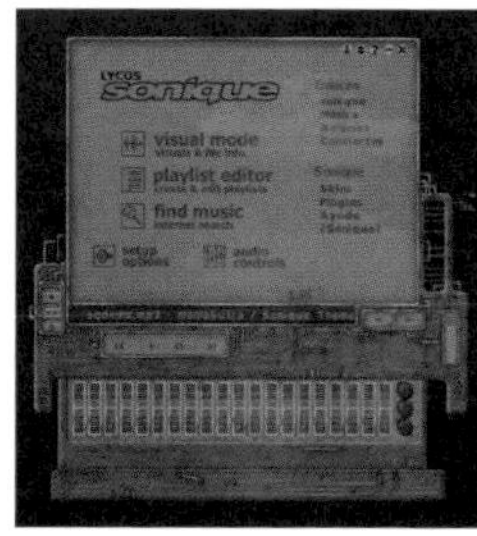

Epic81

Windows Media Player

Para instalar una skin en Windows Media Player, sólo habrá que copiar los archivos con extensión `WMZ` en la carpeta correspondiente, donde tenemos instalado Windows Media Player. Por ejemplo, ésta podría ser `C:\Archivos de programa\Windows Media Player\SKINS`.

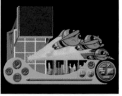

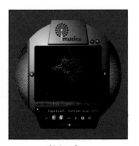

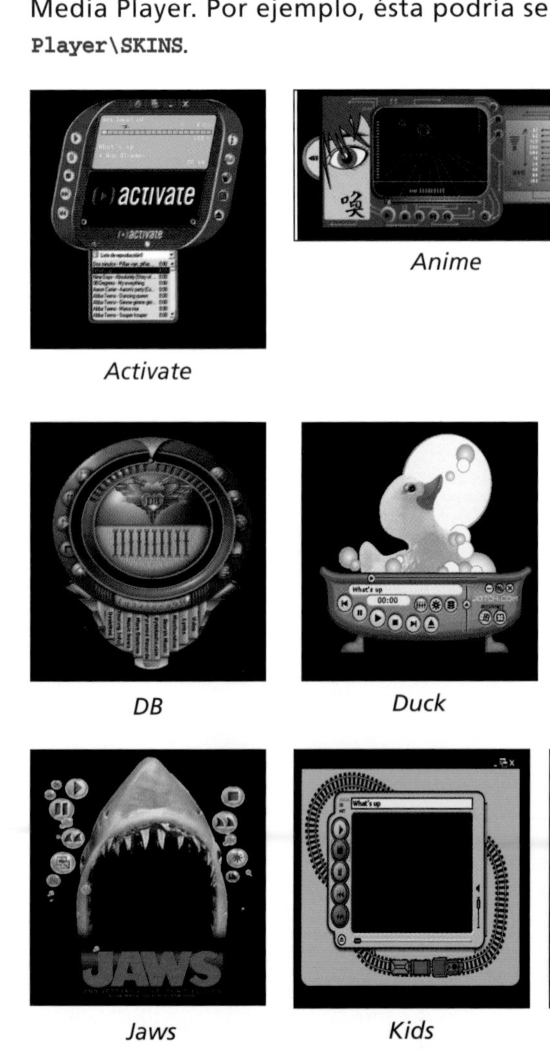

Activate

Anime

DB

Duck

Jaws

Kids

Superpoderosas

TV

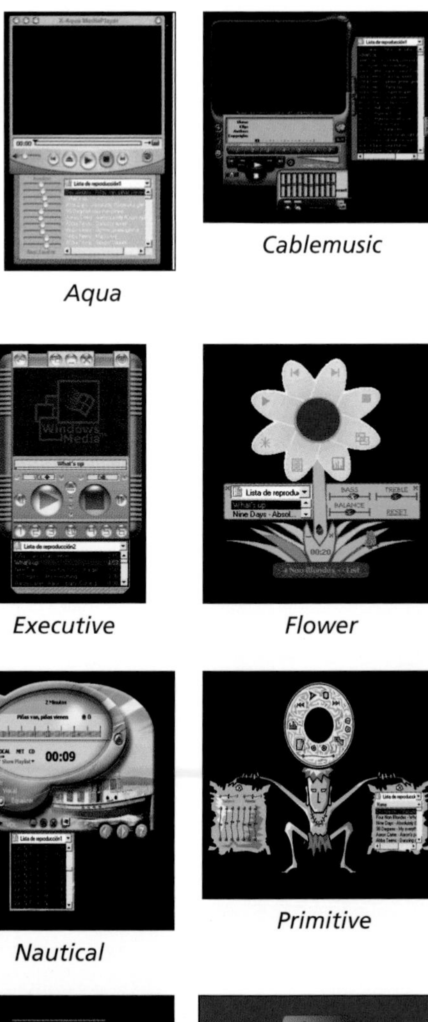

Aqua

Cablemusic

Executive

Flower

Nautical

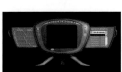

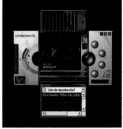

Primitive

Underworld

iMusica

Guía de software

A continuación, se despliega una lista con una amplia variedad de soft adicional para trabajar con MP3. Las diferencias entre unos y otros radican esencialmente en cuestiones de gusto y adaptación a las posibilidades que brindan. Pasen y elijan.

SERVICIO DE ATENCIÓN AL LECTOR
(54-11) 4959-5000 / lectores@tectimes.com

Administradores

Son interesantes aplicaciones destinadas a optimizar el mantenimiento de los archivos MP3. Resultan ideales para quienes tienen una gran colección, ya que incluyen fantásticas variantes para crear listados y utilizar diferentes estilos de organización (por artista, año, género musical, etc.).

Con ellas podremos añadir mayor información adicional; incluso hasta el cover del CD.

MP3 Boss

Empresa: OPAL Network
Sitio web: www.mp3-boss.com
SO: Windows 9x/Me
Idioma: inglés
Precio: $ 15

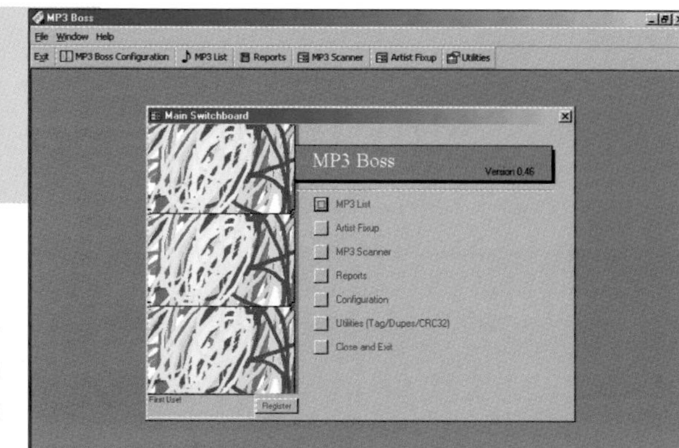

MP3 Boss es una poderosa aplicación destinada a la administración de archivos MP3. Este programa cuenta con un gran número de herramientas para crear listas, editar tags, reproducir archivos, aplicar filtros de búsqueda, etc. Muy interesante para quienes poseen un gran número de archivos.

MPEG Audio Collection

Empresa: Jurgen Faul
Sitio web: www.jfaul.de
SO: Windows 9x/Me
Idioma: inglés
Precio: gratuito

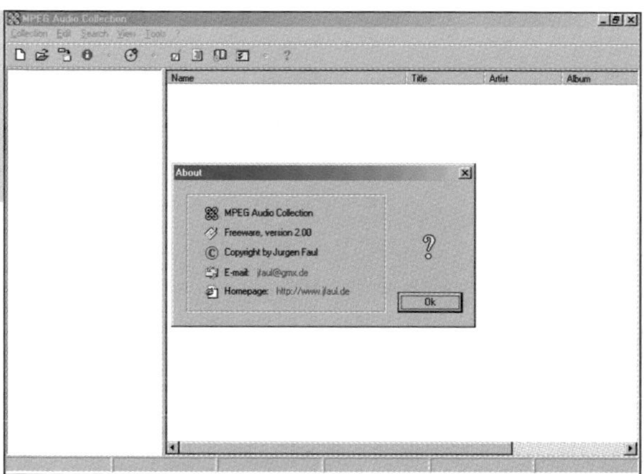

Es un programa diseñado para organizar colecciones musicales en formato MPEG. Cuenta con funciones para rastrear unidades de disco en busca de archivos, reproducir canciones usando la aplicación asociada (Winamp o cualquier otro programa), crear listas y editar tags MP3.

MP3 Home Studio Deluxe

Empresa: Celestial Software
Sitio web: www.celestialsoftware.net
SO: Windows 9x/Me
Idioma: inglés
Precio: $ 24.99

Consiste en un paquete de programas destinados a facilitar la administración de archivos MP3 y CDs de audio. Entre otras cosas, con él es posible crear y editar listas de reproducciones, añadir imágenes, grabar CDs a partir de archivos MP3, realizar conversiones de formatos, imprimir tapas, editar tags, y mucho más.

Armadillo MP3

Empresa: Armadillo
Sitio web: www.armadillo.fr
SO: Windows 9x/Me
Idioma: inglés
Precio: gratuito

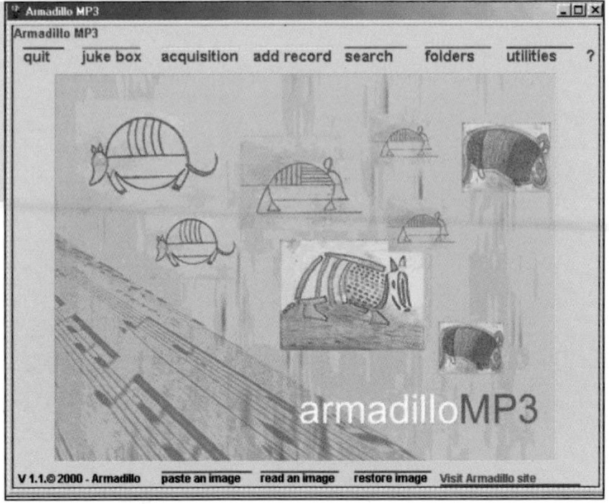

Se trata de una de las aplicaciones preferidas para la administración de archivos MP3, dado que, por su facilidad de uso, puede ser aprovechada por cualquier tipo de usuario. Simplemente se deben indicar las carpetas en donde se encuentran almacenados los archivos, para luego poder realizar búsquedas, modificar la información de cada canción, grabar CDs de audio, etc.

Mixers

Si nuestro sueño es ser un DJ... ¡hagámoslo ya realidad! Con estas aplicaciones, podremos sorprender a más de uno con las mezclas más llamativas al mejor estilo de los boliches de moda, tanto con archivos MP3 ya creados; como diseñando nuestros propios materiales con el mejor ritmo.

Virtual Turntables

Empresa: Carrot Innovations
Sitio web: carrot.prohosting.com
SO: Windows 9x/Me
Idioma: inglés
Precio: $ 42

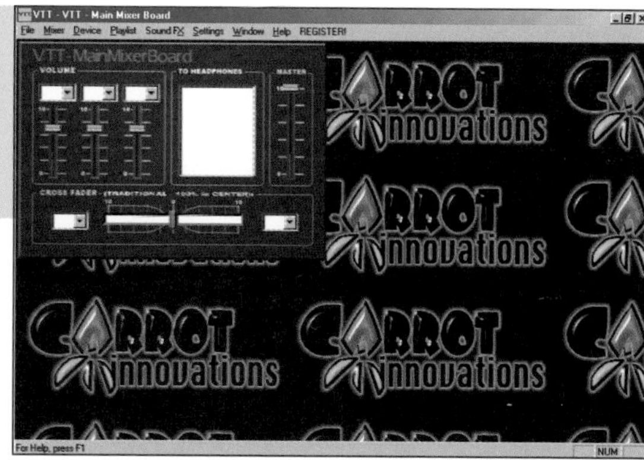

Es una interesante aplicación si deseamos convertirnos en verdaderos DJs, ya que ofrece todas las opciones para realizar mezclas y controlar la velocidad de reproducción de cada canción. También es posible manejar el volumen principal e individual de cada reproducción, e incluye soporte para skins, entre otras cosas.

AUDYS

Empresa: Audys
Sitio web: www.audys.com
SO: Windows 9x/Me
Idioma: español
Precio: gratuito

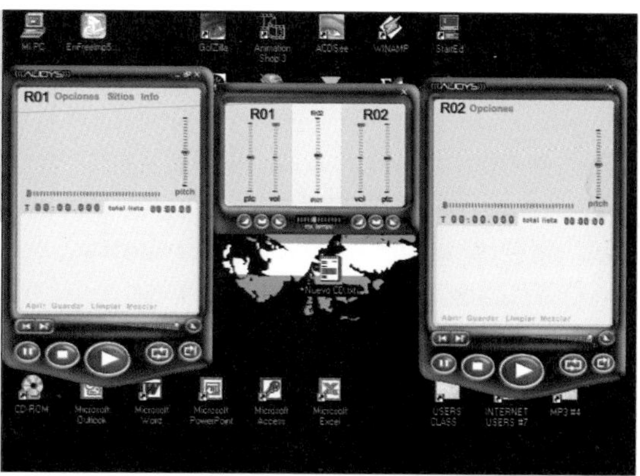

Una de las aplicaciones más completas para la realización de mezclas casi profesionales. Entre sus principales características se destaca su atractiva interfase gráfica, aunque sus virtudes no se limitan solamente a ella: también es sencillo de usar y brinda los controles necesarios para realizar las mezclas de la mejor forma. Se puede manejar la velocidad, el volumen y otros aspectos. Otra particularidad relevante es que se encuentra totalmente en español.

Dance eJay

Empresa: Voyetra Turtle Beach, Inc.
Sitio web: www.voyetra-turtle-beach.com
SO: Windows 9x/Me
Idioma: inglés
Precio: $ 49.95

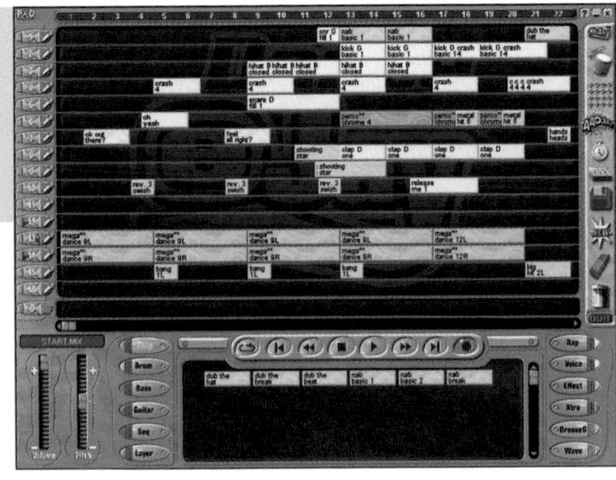

Es una excelente herramienta para la creación de música dance. El programa presenta una serie de pistas disponibles en donde se pueden insertar los múltiples efectos que posee. Sólo deben hacerse los arreglos necesarios y comenzar a disfrutar de la creación. Se destaca por su facilidad de uso.

MAGIX MP3 Maker

Empresa: MAGIX Entertainment
Sitio web: www.magix.net
SO: Windows 9x/Me
Idioma: inglés
Precio: $ 34.99

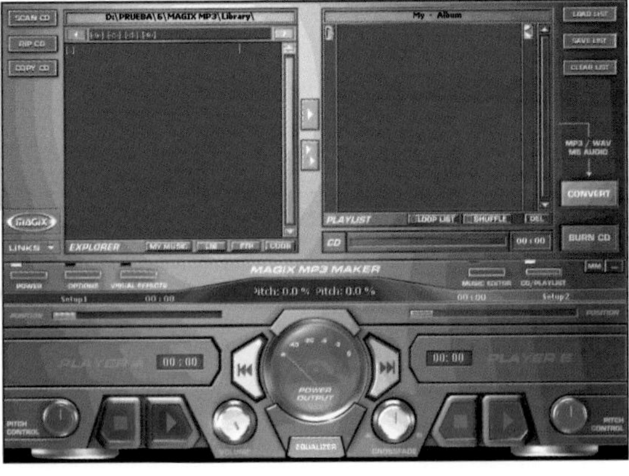

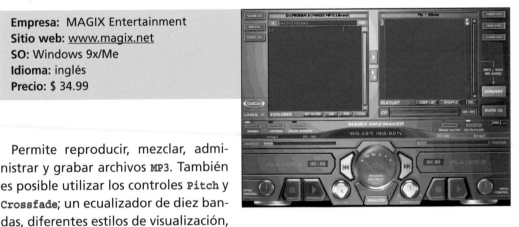

Permite reproducir, mezclar, administrar y grabar archivos `MP3`. También es posible utilizar los controles `Pitch` y `Crossfade`; un ecualizador de diez bandas, diferentes estilos de visualización, un conversor de formatos, listas de reproducciones, extraer pistas de CDs de audio y grabar un CD desde un archivo `MP3`. Además, quienes deseen registrarlo, podrán contar con opciones para descargar archivos vía FTP.

DJ Mix Pro

Empresa: Beatlock Technology
Sitio web: djmixpro.com
SO: Windows 9x/Me
Idioma: inglés
Precio: $ 40

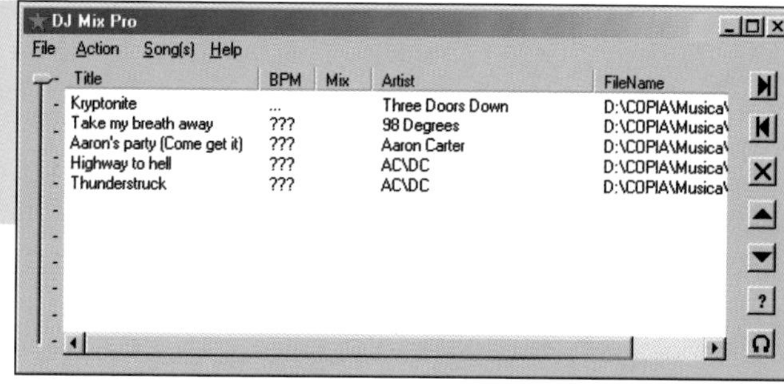

Guarda una gran similitud con las aplicaciones utilizadas por los verdaderos DJs. Se puede seleccionar una lista con los archivos que deseamos reproducir y luego realizar interesantes mezclas entre ellos controlando el volumen y la velocidad. También, por la segunda salida de audio, escucharemos la próxima canción por mezclar.

Hip Hop eJay

Empresa: Voyetra Turtle Beach, Inc.
Sitio web: www.voyetra-turtle-beach.com
SO: Windows 9x/Me
Idioma: inglés
Precio: $ 39.95

Es ideal para la creación y edición de música hip hop. Este programa, mediante loops, samples y efectos de sonido en una secuenciadora, permite hacer mezclas de calidad profesional. Su interfase gráfica es muy buena.

Editores de audio

Una canción cortada, mucho ruido, poca calidad o cualquier otro inconveniente pueden ser fácilmente solucionados con alguno de los más populares editores de audio. Éstos, además, permiten añadir los más variados efectos y filtros, entre otras cosas.

Cualquier acción está permitida para estas aplicaciones, que presentan maravillosas interfases gráficas y un dócil manejo.

Awave Studio

Empresa: FMJ-Software
Sitio web: www.fmjsoft.com
SO: Windows 9x/Me
Idioma: inglés
Precio: $ 90

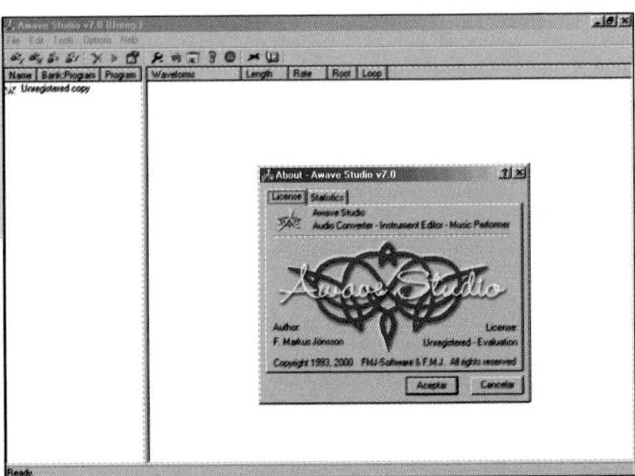

Se trata de un reproductor y conversor de archivos musicales. Puede trabajar con más de 100 formatos diferentes, incluidos los más conocidos (**WAV**, **MP3**, **MOD**, **SND**, **MID**, etc.). En este último lanzamiento se incorporó un soporte para plug-ins de DirectX.

Protools Free

Empresa: Digidesign
Sitio web: www.digidesign.com
SO: Windows 9x/Me
Idioma: inglés
Precio: gratuito

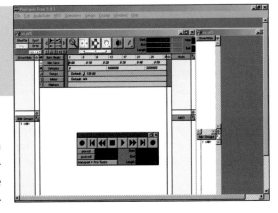

Permite grabar en tiempo real hasta ocho tracks de audio y 48 de MIDI. También incluye una variada cantidad de funciones y herramientas de gran utilidad. Además, posee editores gráficos y completos mezcladores similares a los utilizados en salas profesionales.

ReBirth RB-338

Empresa: Propellerhead
Sitio web: www.propellerheads.se
SO: Windows 9x/Me
Idioma: inglés
Precio: $ 179

Se trata de una de las herramientas más completas para la creación de música digital. Impresiona por la cantidad de opciones de que dispone. Su interfase se asemeja mucho a un sintetizador, y desde ella podemos acceder a varias funciones: aumentar o disminuir la velocidad de reproducción, utilizar distintos efectos especiales, y muchas otras cosas.

Sound Forge

Empresa: Sonic Foundry, Inc.
Sitio web: www.sonicfoundry.com
SO: Windows 9x/Me
Idioma: inglés
Precio: $ 399.96

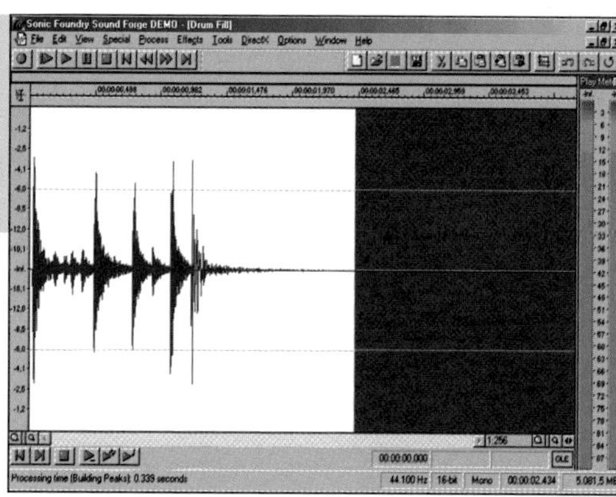

Es el demo de la última versión de uno de los mejores editores de audio digital. Soporta los formatos de RealAudio (`ASF`) y Java (`AU`). Realiza múltiples conversiones (`Batch-Conversion`) y puede sincronizar audio y video, además de soportar los nuevos plug-ins DirectX.

Cakewalk Pro Audio

Empresa: Cakewalk Music Software
Sitio web: www.cakewalk.com
SO: Windows 9x/Me
Idioma: inglés
Precio: $ 319

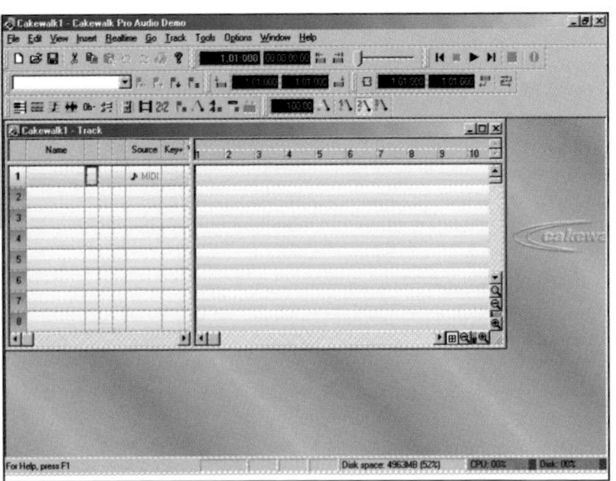

Es uno de los editores de sonido más completos. Esta versión incorpora numerosos efectos especiales; puede insertar videos y exportar AVIs, y soporta sonidos de 24 bits. La desventaja es que se trata de una versión demo que no permite guardar ni imprimir.

FRUITYLOOPS

Empresa: FruytLoops
Sitio web: www.FuityLoops.com
SO: Windows 9x/Me
Idioma: inglés
Precio: $ 35

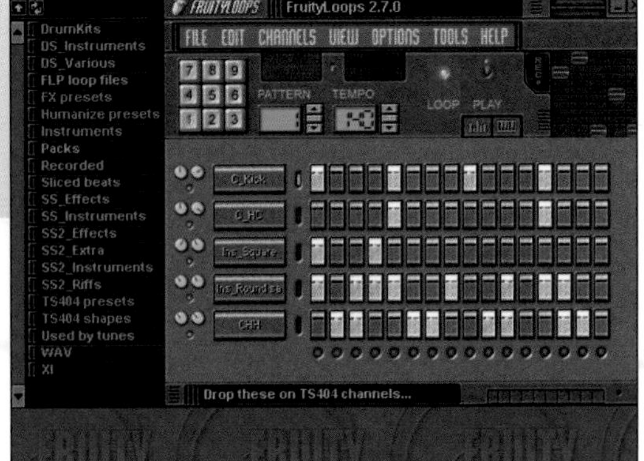

Su interfase es muy similar a la de un sintetizador. El programa se destaca por la gran cantidad de opciones que presenta para los distintos elementos que se pueden incluir en las creaciones, lo que lo convierte en una herramienta semiprofesional.

GoldWave

Empresa: Chris Alcock
Sitio web: www.goldwave.com
SO: Windows 9x/Me
Idioma: inglés
Precio: $ 40

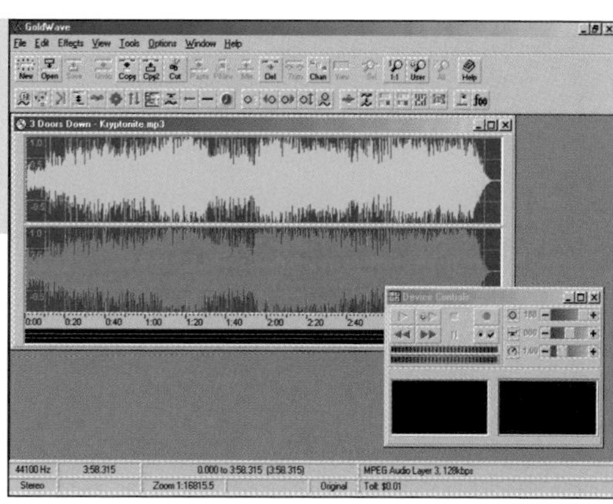

Muestra una interfase sencilla, pero con numerosas opciones. Posee un ecualizador gráfico, varios efectos listos para aplicar (como distorsión, eco, silencio, etc.), filtros, un reproductor de CDs, y algunas cosas más.

Cool Edit

Empresa: Syntrillium Software Corp.
Sitio web: www.syntrillium.com
SO: Windows 9x/Me
Idioma: inglés
Precio: $ 69

Permite editar, mezclar y grabar sonido digital. Incluye numerosas funciones, filtros y efectos especiales para aplicar a los sonidos. Soporta numerosos formatos de audio y el agregado de plug-ins. Esta versión de prueba por 30 días permite evaluar un par de funciones por uso.

Encoders, decoders, rippers

Estos programas son los "creadores" de los archivos MP3. Permiten crear un archivo WAV en MP3, o realizar la acción inversa. También pueden extraer las pistas de audio de cualquier CD y convertirlas directamente en un archivo MP3.

Son ideales para realizar copias de seguridad o digitalizar colecciones musicales.

MP3 Liquid Burn

Empresa: Orion Studios
Sitio web: www.orionstudios.com
SO: Windows 9x/Me
Idioma: inglés
Precio: $ 39.95

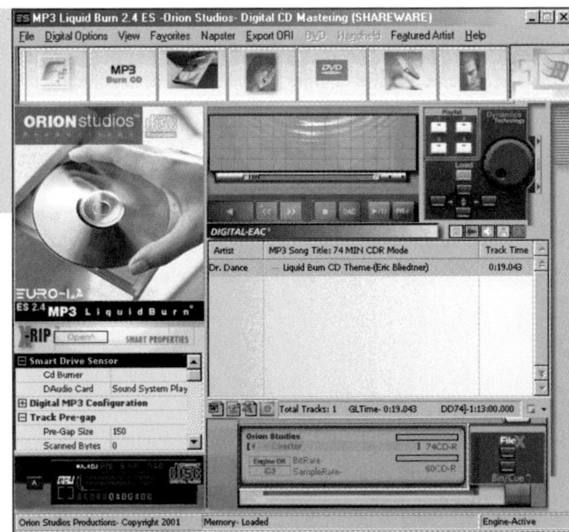

Una de las aplicaciones más útiles para crear CDs de audio a partir archivos MP3, para luego escucharlos en cualquier reproductor de CD. Ofrece una amplia gama de posibilidades que permiten realizar grabaciones semiprofesionales: reducción de ruidos, utilización de filtros, ecualizadores de 16 canales, y demás.

MP3 Strip_It! Digital

Empresa: Glacier Software
Sitio web: www.glaciersoftware.com
SO: Windows 9x/Me
Idioma: inglés
Precio: $ 25

Permite extraer de manera muy sencilla las pistas de un CD y pasarlas al formato MP3. También se pueden añadir distintos tipos de información: por ejemplo, el nombre del artista y el título del CD. Incluye un reproductor integrado.

CD2MP3

Empresa: BlackOut Design
SO: Windows 9x/Me
Idioma: inglés
Precio: gratuito

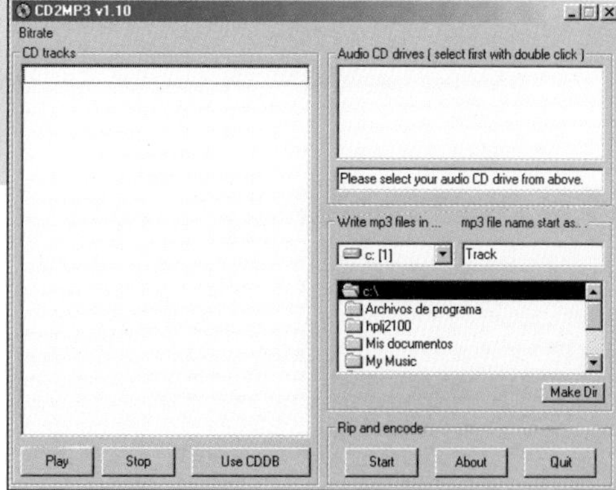

Con esta aplicación ya no deberemos preocuparnos por los complejos procesos de conversión de los tracks de un CD a MP3. Este programa los realiza en forma sencilla y veloz: simplemente hay que seleccionar los tracks deseados, la ubicación de destino y listo. Incluye soporte para CDDB y permite seleccionar la calidad de la grabación.

Easy CD-DA Extractor

Empresa: Poikosoft
Sitio web: www.poikosoft.com
SO: Windows 9x/Me
Idioma: español
Precio: $ 29.95

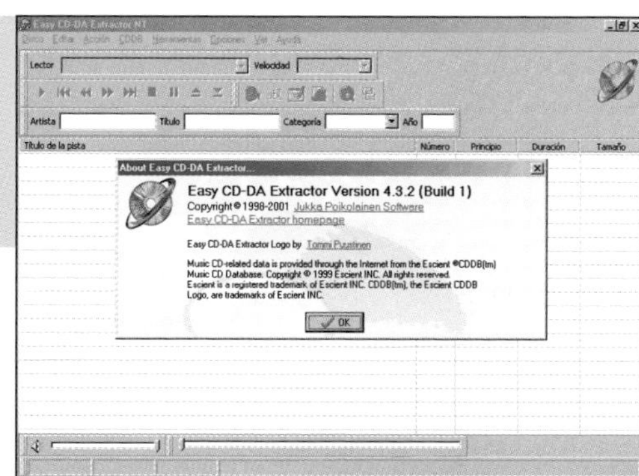

Se trata de una herramienta para extraer pistas de audio desde cualquier CD o DVD, para luego pasarlas a distintos formatos como WAV, RAW o incluso MP3. Cuenta con un codificador y decodificador, un reproductor interno y una base de datos, entre otras cosas. También incluye soporte para CDDB (para obtener más información sobre las canciones o los artistas) y un conversor de formatos. Además, posibilita la selección de idiomas para su interfase (entre los disponibles, se encuentra el español).

FreeRIP MP3

Empresa: MG Shareware
Sitio web: www.mgshareware.com
SO: Windows 9x/Me
Idioma: inglés
Precio: gratuito

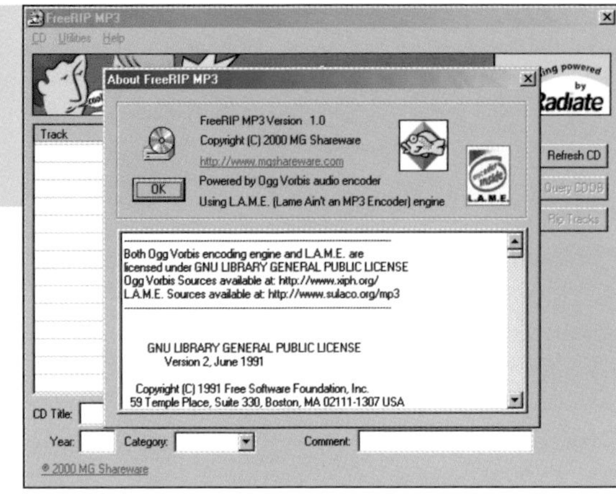

Una de las aplicaciones más sencillas y veloces para extraer las pistas de audio de cualquier CD de música y convertirlas en formato `MP3` o `WAV`. Una característica importante es que incluye soporte para ID3 y CDDB; esto permite obtener el nombre exacto de cada canción y su intérprete.

LP Recorder

Empresa: CFB Software
Sitio web: www.cfbsoftware.com
SO: Windows 9x/Me
Idioma: inglés
Precio: $ 19.95

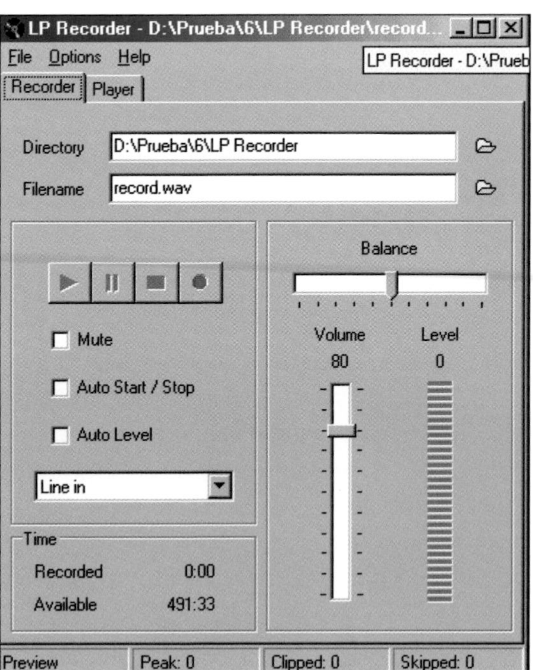

Este programa es utilizado para grabar discos de vinilo, casetes o cualquier otro tipo de dispositivo, en formato digital. Una vez realizado esto, puede complementarse con LP Ripper (para grabar cada tema en forma individual). También establece distintos valores de calidad.

LP Ripper

Empresa: CFB Software
Sitio web: www.cfbsoftware.com
SO: Windows 9x/Me
Idioma: inglés
Precio: $ 29.95

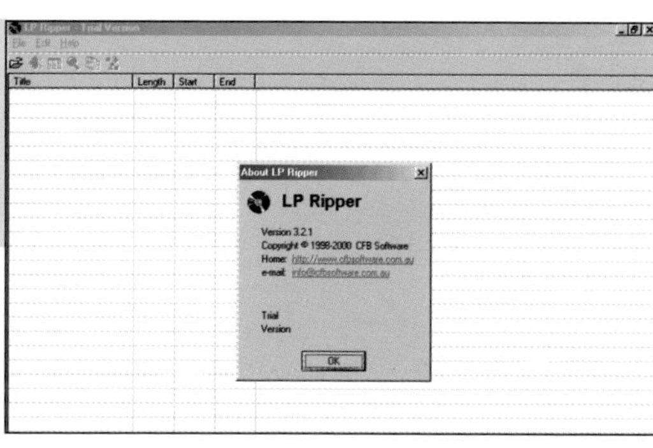

Ésta es una herramienta pensada para las personas que poseen LPs y desean conservar el material sin que éste se deteriore. Sencillamente, hay que grabar lo que deseemos; luego el programa se encargará de detectar la duración de cada tema, y de grabarlo de manera individual.

Varios

Además de las mencionadas anteriormente, hay una diversidad de acciones que podemos realizar: crear un CD de audio con archivos MP3, acceder fácilmente a nuestras carpetas, editar los tags y añadir un reproductor individual a cada archivo. Son algunas de las posibilidades con las que contaremos a través de las más variadas aplicaciones.

MP3 CD Maker

Empresa: Zhou Yi
Sitio web: www.zy2000.com
SO: Windows 9x/Me
Idioma: inglés
Precio: $ 30

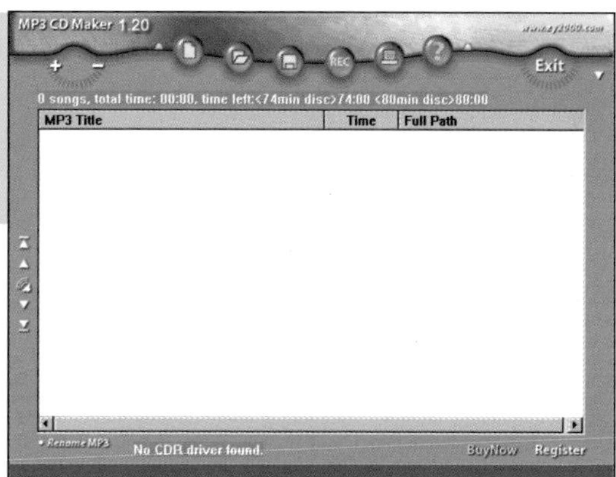

Se trata de un sencillo programa para transferir las canciones que se encuentren en formato MP3, a CDs de audio. Para esto simplemente hay que seleccionarlas (esta versión sólo permite un máximo de cuatro). También es posible reproducir las canciones antes de grabarlas, para comprobar que sean las deseadas.

MP3 Folders

Empresa: Millpoints
Sitio web: www.millpoint.com
SO: Windows 9x/Me
Idioma: inglés
Precio: gratuito

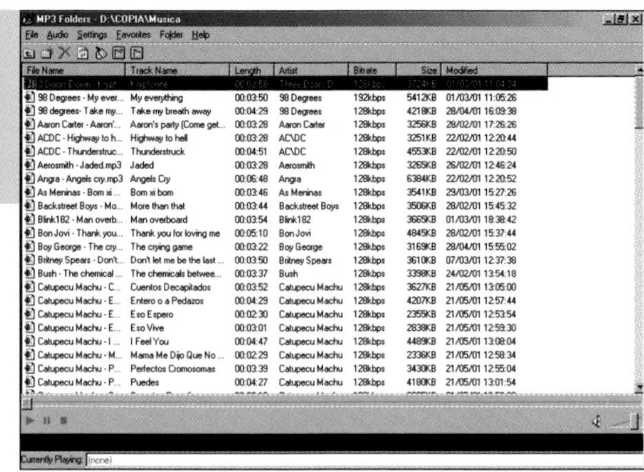

Este programa se encarga de detectar las carpetas que contienen archivos **MP3** o **WAV**, de presentar en forma detallada el nombre del archivo, su duración, el artista y la calidad, y de ejecutar la canción directamente con su reproductor interno. Entre sus variadas características se destacan la posibilidad de editar los tags de cada canción y la de almacenar los directorios favoritos.

MP3 Tag Clinic

Empresa: K Zoller
Sitio web: www.kevesoft.com
SO: Windows 9x/Me
Idioma: inglés
Precio: $ 20

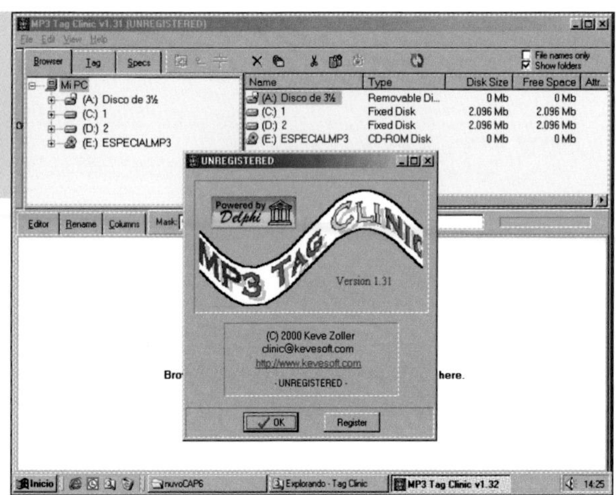

Podría definirse como algo más que un administrador de archivos **MP3**, ya que su principal virtud es la de poder modificar los tags que contienen información adicional sobre cada canción (como género musical, contacto, etc.). Es ideal para mejorar archivos **MP3** que contienen tags incompletos.

MP3 to EXE Converter

Empresa: Oliver Buschjost
Sitio web: www.mp3toexe.com
SO: Windows 9x/Me
Idioma: inglés
Precio: $ 15

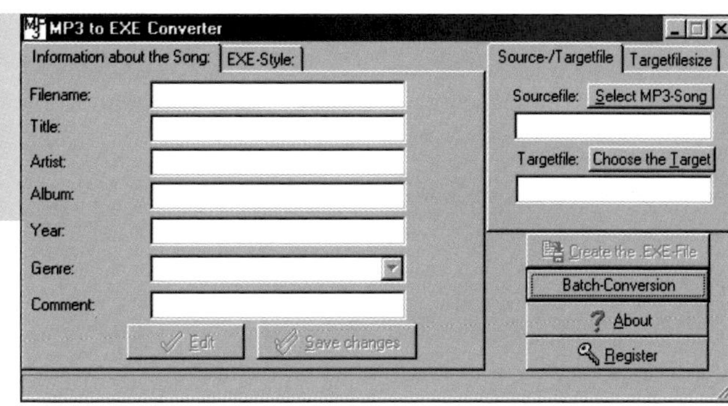

Se trata de un interesante programa con el que se puede tomar un archivo **MP3** y transformarlo en un ejecutable (**EXE**), al cual le añade un reproductor. Resulta ideal para distribuir canciones sin que el usuario final deba tener instalado un reproductor de archivos **MP3**. El programa posee muchas opciones de configuración, y permite personalizar el reproductor y la información que muestra.

MP3 Workshop

Empresa: Donal Riordan
SO: Windows 9x/Me
Idioma: inglés
Precio: gratuito

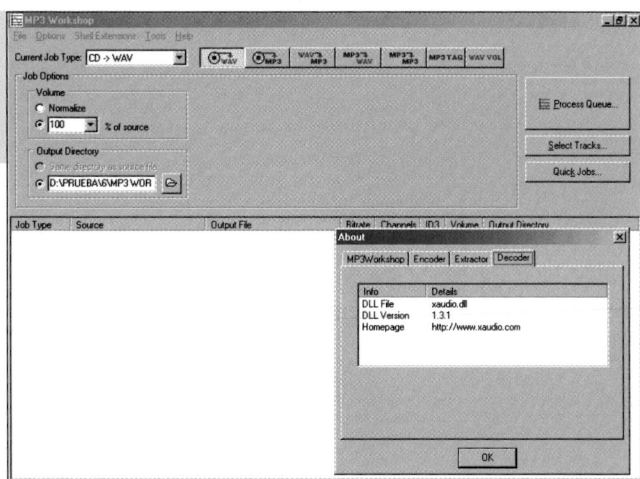

Una de las aplicaciones más completas y de mayor calidad para administrar, codificar, decodificar, extraer pistas de audio, editar tags y resamplear archivos **MP3**. Incluye soporte para CDDB, y permite realizar conversiones de formato entre **WAV** y **MP3**. Además, cada utilidad de codificación y decodificación ofrece amplias posibilidades de configuración, permitiendo establecer la calidad y el volumen, entre otras opciones.

MP3 Explorer

Empresa: TrashSoft
Sitio web: www.mp3-explorer.com
SO: Windows 9x/Me
Idioma: inglés
Precio: $ 20

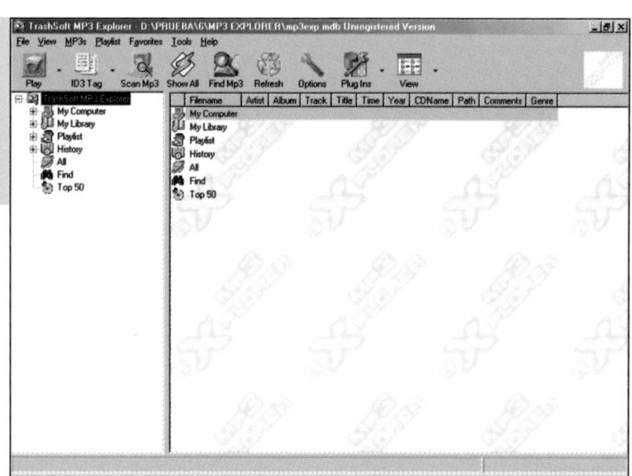

Se trata de un programa ideal para organizar colecciones de archivos `MP3`. Incluye funciones para buscar, renombrar y reproducir archivos. También puede manejar listas de favoritos y detectar los `MP3` existentes en el disco rígido.

Más soft

El MP3 no distingue entre razas, géneros musicales o idiomas, y mucho menos entre sistemas operativos. Por lo tanto, aquí se detalla el mejor soft para Linux, Mac, DOS y otros. Una variada selección de las más diversas aplicaciones para utilizar bajo cualquier plataforma.

Linux

grip

Empresa: Mike Oliphant
Sitio web: www.nostalgic.org/grip
SO: Linux
Idioma: inglés
Precio: gratuito

Con grip todo es posible, ya que permite codificar, decodificar, extraer pistas de audio y muchas cosas más, en sencillos pasos. También incluye soporte para CDDB, y la posibilidad de editar los tags manualmente y de definir la calidad de conversión.

XMMS

Empresa: Peter Alm
Sitio web: www.xmms.org
SO: Linux
Idioma: inglés
Precio: gratuito

XMMS es un potente reproductor de archivos MP3 y de otros variados formatos de audio digital. Su funcionamiento es muy similar al de cualquier reproductor de CD, pero incluye las clásicas opciones para manejar una lista de reproducciones, soporte para el uso de plug-ins, skins y diferentes estilos de visualización, entre otras.

MusicMatch

Empresa: MusicMatch
Sitio web: www.musicmatch.com
SO: Linux
Idioma: inglés
Licencia: freeware
Precio: gratuito

MusicMatch para Linux es la conversión de la versión para Windows del potente reproductor y creador de archivos MP3. Funciona sobre Wine, y aún posee algunos errores; pero es un gran adelanto en lo que se refiere a aplicaciones multimedia para Linux.

Dac 2 MP3

Empresa: Fredrik H. Spång
Sitio web: home.uten.net/rew/dac2mp3
SO: Linux
Idioma: inglés
Precio: gratuito

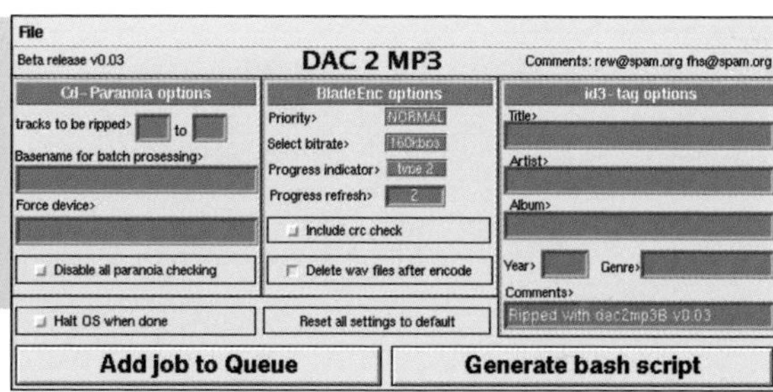

Un poderoso ripper que brinda la posibilidad de extraer los tracks de audio de cualquier CD musical en cuestión de minutos. Sus principales virtudes son su facilidad de uso y las múltiples opciones de configuración (por ejemplo, permite definir la calidad de conversión y editar los tags).

Gnapster

Empresa: Gnapster
Sitio web: jasta.gotlinux.org/gnapster.html
SO: Linux
Idioma: inglés
Licencia: GPL
Precio: gratuito

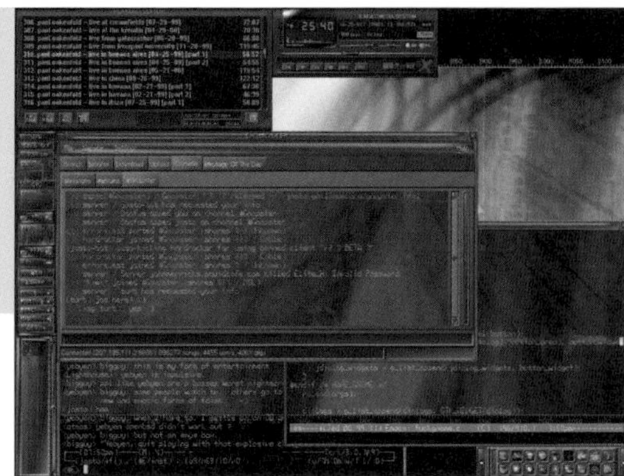

Para los usuarios de GNOME, Gnapster es la mejor opción a la hora de elegir un cliente de Napster. Al igual que Knapster 2, permite usar todas las funciones clásicas de Napster (incluso hay algunos agregados extra).

FreeAmp

Empresa: FreeAmp
Sitio web: www.freeamp.org
SO: Linux
Idioma: inglés
Licencia: GPL
Precio: gratuito

Freeamp es un potente reproductor de MP3 que ya tiene bastante tiempo de desarrollo. Posee las clásicas funciones de un reproductor de este tipo: manejo de múltiples listas, ecualización, etc. Lo mejor de todo es que la interfase es muy sencilla y se puede personalizar por completo.

Otros sistemas operativos

DAMP

Empresa: Hedgehog Software
Sitio web: come.to/hedgehog software
SO: DOS
Idioma: inglés
Precio: gratuito

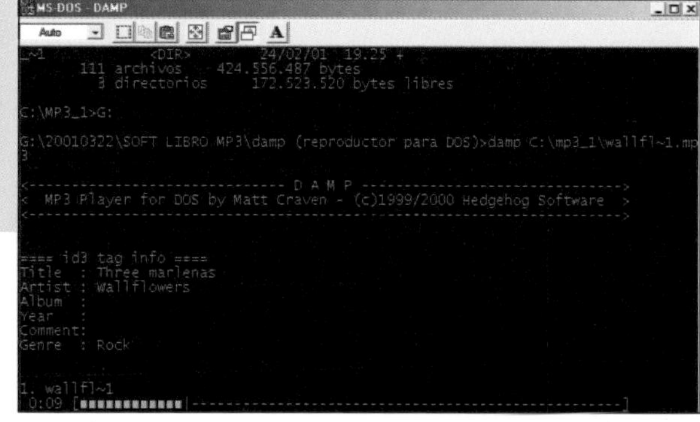

Aunque nadie se lo imaginaba, también es posible reproducir archivos MP3 bajo DOS, lo que demuestra y comprueba que no es necesario contar con un equipo demasiado potente para poder disfrutarlos. El uso de DAMP es sencillo e incluye varias funciones y características de cualquier reproductor, como la posibilidad de reproducir el contenido de listas de reproducciones, sencillas visualizaciones y opciones de configuración.

AmigaAMP

Empresa: Thomas Wenzel
Sitio web: www.amigaamp.de
SO: Amiga
Idioma: inglés
Precio: gratuito

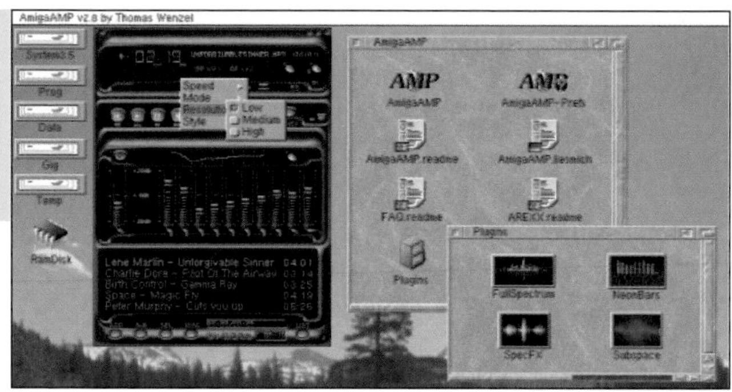

Uno de los pocos reproductores para utilizar en equipos Amiga. Su nota más destacada es el poco consumo de recursos –permite, incluso, utilizarlo en equipos con procesadores 680x0–. Su apariencia es muy similar a la del famoso Winamp de Windows, e incluye, además, una completa herramienta para conseguir la compatibilidad entre estos dos reproductores. Otra importante característica que hay que mencionar es su excelente calidad de reproducción, otorgada por sus diferentes engines de decodificación.

CL-Amp

Empresa: Claes Löfqvist
Sitio web: www4.tripnet.se/~slarti/f_home_uk.htm
SO: BeOS
Idioma: inglés
Precio: gratuito

Está entre los más utilizados reproductores bajo el sistema operativo BeOS. Tiene características similares a las de su famoso hermano, Winamp. Incluye soporte para los formatos de audio más populares, como VQF, WAV y otros, además del MP3. También provee de soporte absoluto para utilizar las skins de Winamp, y para diferentes plug-ins y estilos de visualización; asimismo, brinda la posibilidad de recibir emisoras de radio vía Internet.

PM123

Sitio web: sektori.com/pm123
SO: OS/2 Warp
Idioma: inglés
Precio: $ 15

Es un completo reproductor para OS/2 que incluye una completa lista de reproducciones, soporte para el uso de plug-ins y una herramienta para convertir las skins de Winamp, a fin de que sean aceptadas por este programa. Como agregados, se destacan su completo editor de tags y diferentes estilos de visualización.

Guía de hardware

Afortunadamente, el MP3 en su formato liviano ("liviano" implica poder transportar una canción de tres minutos con buena calidad y en solamente 3 o 4 MB) ha permitido el desarrollo de reproductores portátiles similares a un walkman o un reproductor de CD. Allí es posible almacenar horas y hasta días completos de música. Pero, además de estos reproductores, también se han diseñado placas especiales de sonido, brindando así un completo set de hardware ideal para los fanáticos del MP3.

SERVICIO DE ATENCIÓN AL LECTOR
(54-11) 4959-5000 / lectores@tectimes.com

Reproductores portátiles

El tamaño, la capacidad, el tipo de batería y de conexión, y muchos otras variables son importantes para tener en cuenta en la elección de un reproductor portátil. A continuación, analizaremos algunos modelos de reproductores.

CREATIVE LABS NOMAD 64 MB

Marca: Creative Labs
Modelo: NOMAD 64 MB
Almacenamiento: SmartMedia
Capacidad: 64 MB
Alimentación: pila
Conexión: paralelo
Radio: sí
Display: alfanumérico
Backlight: sí
Grabación: sí

Puede reproducir más de nueve horas de música con dos baterías alcalinas; o cinco horas con las baterías recargables de NiMH que vienen incluidas en el equipo. En la pantalla es posible leer la canción que se está reproduciendo. La caja del reproductor está hecha de magnesio, lo cual lo hace muy liviano. Además de reproducir canciones, cuenta con radio FM; e incluye un cargador, auriculares, un manual de instalación, un transformador de 5 V, estación de puerto, cable paralelo y software de instalación en CD.

ACLARACIÓN

Por el cambio frecuente que sufren los valores de estos productos, se ha optado por no mencionar sus precios.

CREATIVE LABS NOMAD II

Marca: Creative Labs
Modelo: NOMAD II
Almacenamiento: SmartMedia
Capacidad: 64 MB
Alimentación: pila
Conexión: USB
Radio: sí
Display: alfanumérico
Backlight: sí
Grabación: sí

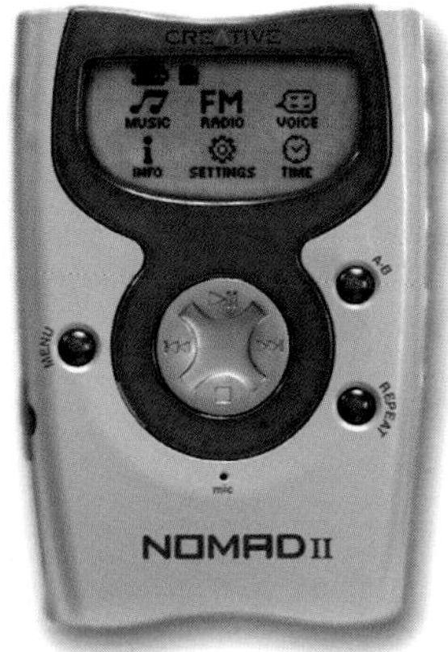

Este reproductor está diseñado para el usuario activo, con funciones que proporcionan un rápida configuración. Posee un control remoto que permite acceder a los comandos de reproducción mientras se está en movimiento. Incluye también una pantalla de LCD basada en íconos, con la cual se pueden visualizar el nombre del artista y el título de la canción. Aun teniendo todas estas funciones, es lo suficientemente pequeño como para caber en un bolsillo. Además, da a los usuarios la posibilidad de mantenerse actualizados, ya que incorpora futuros codificadores y tecnologías de manejo de derechos para reproducir música en formatos seguros. En cuanto a la capacidad de las pilas, suelen durar nueve horas con alcalinas y cinco horas en el caso de las recargables. Cuenta también con una unidad estacionaria que sirve para transferir archivos y para recargar la pilas.

CREATIVE LABS NOMAD Jukebox

Marca: Creative Labs
Modelo: NOMAD Jukebox
Almacenamiento: disco rígido
Capacidad: 6 GB
Alimentación: batería recargable
Conexión: USB
Radio: no
Display: alfanumérico
Backlight: sí
Grabación: sí

Es uno de los últimos modelos de la familia de reproductores de Creative. Su característica principal es que contiene un disco duro de 6 GB, lo que le permite almacenar unas 1.500 canciones (esto supone cien horas de reproducción continua). Es el primero de los reproductores de CREATIVE que hace un uso intensivo de la tecnología EAX. Ésta brinda sonido envolvente y muchas mejoras en la calidad de audio. Además, con la ayuda de un micrófono, es posible almacenar aproximadamente diez horas de grabación de voz. La duración de las baterías recargables es de entre cuatro y seis horas. Incluye un adaptador de corriente y un cable para utilizarlo en el auto, lo que amplía su versatilidad.

DIAMOND Rio PMP500

Marca: Diamond
Modelo: Rio PMP500
Almacenamiento: SmartMedia
Capacidad: 64 MB
Alimentación: pila
Conexión: USB
Radio: no
Display: alfanumérico
Backlight: sí
Grabación: no

Este reproductor viene con nuevas funciones y diseño (es ahora más pequeño y liviano). La música se carga en una tarjeta de 64 MB, con opción de aumentar esa capacidad hasta un máximo de 96 MB. Incluye software para Windows (también está disponible la versión para iMAC) que permite trabajar desde la PC con los archivos MP3. El display muestra en cada momento la canción que suena, el autor, el tiempo y la más variada información. La alimentación está a cargo de una pila de 1,5 V con la que se puede reproducir hasta un máximo de trece horas de música. Además viene en varios colores.

DIAMOND Rio PMP600

Marca: Diamond
Modelo: Rio PMP600
Almacenamiento: SmartMedia
Capacidad: 32 MB
Alimentación: pila
Conexión: USB
Radio: no
Display: alfanumérico
Backlight: no
Grabación: no

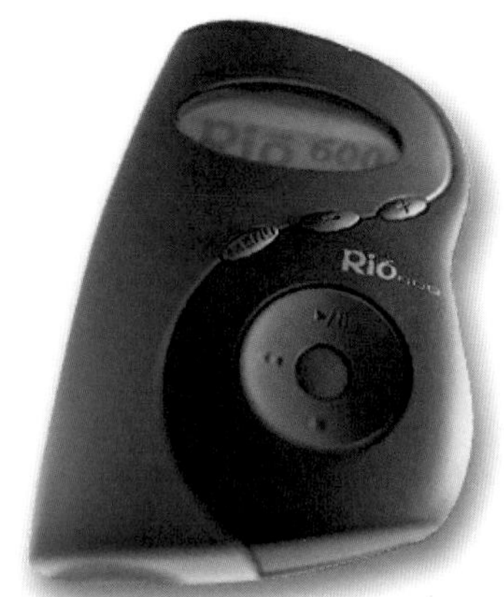

Con este modelo es posible reproducir archivos MP3 y WMA. Brinda una calidad de sonido excelente, gracias al procesador Maverick que incluye mejoras directamente relacionadas con la calidad sonora. Ha sido desarrollado pensando en su fácil actualización, para poder soportar otros formatos de compresión. Puede incorporar un sintonizador de FM y un adaptador para el auto (como módulos independientes). Además, se enchufa a un toma de corriente convencional a través de un adaptador AC.

Easy Buy 2000 Mptrip

Marca: Easy Buy2000
Modelo: Mptrip
Almacenamiento: CD-ROM
Alimentación: pila
Conexión: paralelo
Radio: no
Display: numérico
Backlight: no
Grabación: sí

Puede leer CDs normales, CD-R y CD-RW. Tiene una memoria buffer de 50 segundos, y puede ser utilizado como grabadora de voz con un tiempo máximo de 500 segundos. Además, provee de cinco modalidades de sonido y un conector para poder llevarlo en el auto. Por otra parte, tiene un buen diseño y su sonido es de muy buena calidad, aunque su pantalla LCD es pequeña.

PHILIPS EXPANIUM

Marca: Philips
Modelo: Expanium
Almacenamiento: CD-ROM
Alimentación: pila
Conexión: paralelo
Radio: no
Display: alfanumérico
Backlight: no
Grabación: no

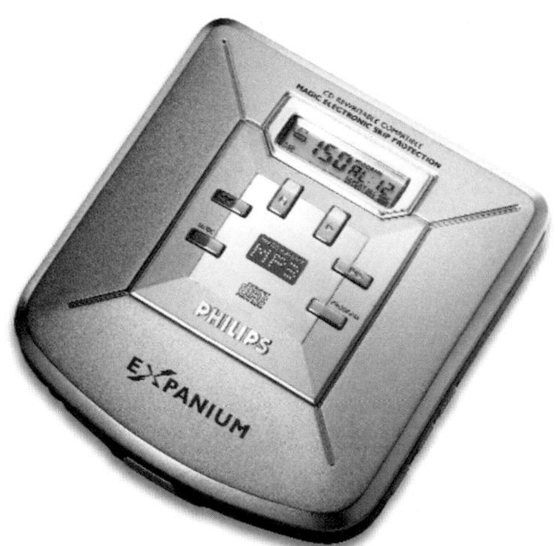

EXPANIUM es el primer reproductor portable con el cual se puede escuchar música y reproducir en formato MP3, tanto en CDs grabables como regrabables. Permite reproducir hasta diez horas de música en formato digital, y manipular tanto el grabado como la compresión de música. Sólo se necesita una PC en donde instalar el programa, que viene junto con EXPANIUM y es de muy simple utilización. También cuenta con un adaptador para usarlo en el auto.

Samsung yepp E-64

Marca: Samsung
Modelo: Yepp E-64
Almacenamiento: SmartMedia
Capacidad: 64 MB
Alimentación: pila
Conexión: USB
Radio: no
Display: alfanumérico
Backlight: no
Grabación: sí

Este reproductor, además de reproducir MP3, sirve como grabadora y agenda de teléfonos. También puede utilizarse como soporte de almacenamiento. Es muy pequeño (65 x 87 x 17.2 mm) y liviano. Incluye auriculares.

Casio WRIST MP3 Watch

Marca: Casio
Modelo: WRIST MP3 Watch
Almacenamiento: memoria interna
Capacidad: 32 MB
Alimentación: pila
Conexión: USB
Radio: no
Display: alfanumérico
Backlight: sí
Grabación: no

Como salido de una película de James Bond, este novedoso y llamativo reproductor sorprenderá a más de un usuario. Muchos deben de conocer los sencillos relojes que permiten escuchar radio, pero nadie jamás hubiese imaginado que un reloj pudiera ser capaz de reproducir archivos MP3. Esta joya de la tecnología cuenta en su interior con la capacidad de almacenar 32 MB, además de las completas funciones habituales brindadas por esta reconocida marca de relojes.

Compro MP-Spinner MPCD-455

Permite reproducir tanto CDs convencionales como aquellos que contengan archivos MP3. Tiene un generoso buffer de 45 segundos, para los saltos en la reproducción. Brinda hasta cuatro horas de reproducción continua gracias a su batería de NiCd, e incluye funciones de recarga que permiten almacenar en una memoria interna 500 segundos de grabación de voz a través de un micrófono interior.

Marca: Compro
Modelo: MP-Spinner MPCD-455
Almacenamiento: CD-ROM
Alimentación: batería recargable
Conexión: USB
Radio: no
Display: alfanumérico
Backlight: no
Grabación: sí

D-Link DMP-100

Posee una capacidad de 32 MB de memoria para grabación de música MP3, y dos horas con quince minutos de grabaciones de voz (además, permite agregar una tarjeta de memoria de 32 MB optativa). Con el registrador de voz integrado es posible grabar ideas, memorándums o incluso conferencias. Con la capacidad de enviar o recibir, no sólo puede guardar nuestros MP3 favoritos y cualquier archivo de Windows para transferir entre dos computadoras.

Marca: D-Link
Modelo: DMP-100
Almacenamiento: memoria interna
Capacidad: 32 MB
Alimentación: pila
Conexión: paralelo
Radio: no
Display: numérico
Backlight: no
Grabación: sí

Uproar Wireless Phone/MP3 Player

Aunque a simple vista aparenta ser sólo un teléfono celular, es mucho más que eso. Este modelo de teléfono, desarrollado por Samsung permite reproducir archivos `MP3`. Para esto cuenta con una memoria interna de 64 MB y una conexión USB con la que transferir los datos. Entre sus características, vale destacar también la posibilidad de navegar por la Web, una batería de larga duración, caller ID y mucho más.

Marca: Samsung
Modelo: Uproar Wireless Phone/MP3 Player
Almacenamiento: memoria interna
Capacidad: 64 MB
Alimentación: pila
Conexión: USB
Radio: no
Display: alfanumérico

Yelo DMP 80100

Compite con el más flamante reproductor de Creative: Creative Labs NOMAD Jukebox. Cuenta con un disco rígido de 6 GB, de la marca IBM. Incluye licencias de Compaq para utilizar la tecnología más avanzada que le permiten ser actualizado según los nuevos formatos que van apareciendo. Posee una interfase USB para realizar la transferencia de datos desde la PC, una pantalla de LCD y todo el soft para efectuar las transferencias y administrar colecciones musicales.

Marca: Compaq
Modelo: Yelo DMP 80100
Almacenamiento: disco rígido
Capacidad: 6 GB
Alimentación: pila
Conexión: USB
Radio: no
Display: alfanumérico
Backlight: sí
Grabación: sí

Archos Jukebox 6000

Una excelente opción para quienes poseen grandes cantidades de archivos MP3 y desean llevarlos a todas partes. Con este reproductor y su fantástica capacidad (6 GB), es posible disfrutar de horas y horas de música continua. Otros puntos que hay que destacar son su atractivo diseño y su pantalla de LCD, que permite conocer todos los detalles de la reproducción.

Marca: Archos
Modelo: Archos Jukebox 6000
Almacenamiento: disco rígido
Capacidad: 6 GB
Alimentación: pila
Conexión: USB
Radio: no
Display: alfanumérico
Backlight: sí
Grabación: no

Intel Pocket Concert Audio Player

Toda la confianza de Intel de manifiesto en un reproductor portátil con la capacidad de almacenar audio en formato digital. Este reproductor cuenta con un diseño de pequeñas dimensiones y atractivo. Su capacidad de 128 MB, un completo display, la posibilidad de sintonizar radios y una excelente calidad de sonido lo convierten en uno de los más completos.

Marca: Intel
Modelo: Pocket Concert Audio Player
Almacenamiento: memoria interna
Capacidad: 128 MB
Alimentación: pila
Conexión: USB
Radio: sí
Display: alfanumérico
Backlight: sí

Nike PSA Play 120

Pocas personas se hubieran imaginado que una importante empresa deportiva como Nike desarrollaría un reproductor MP3. Nike diseñó este reproductor especialmente destinado a quienes desean llevar su música favorita mientras realizan deportes. Cuenta con un diseño ergonómico, excelente calidad de audio y larga duración de baterías. Posee una capacidad de 64 MB, display de LCD y un útil control remoto.

Marca: Nike
Modelo: PSA Play 120
Almacenamiento: memoria interna
Capacidad: 64 MB
Alimentación: pila
Conexión: USB
Radio: no
Display: alfanumérico
Backlight: no
Grabación: no

TDK MOJO CD Digital Jukebox

La principal virtud de este dispositivo es que posibilita crear, según las preferencias del usuario, listas de reproducciones que automáticamente reconocerá cada vez que le sea requerido. Otras características importantes son sus ocho minutos de buffer, un completo display con toda la información necesaria, sus baterías recargables y una valiosa colección de software.

Marca: TDK
Modelo: MOJO CD Digital Jukebox
Almacenamiento: CD-ROM
Alimentación: pila
Display: alfanumérico
Backlight: sí

AVC Soul Player

Con un cuidado diseño, este reproductor se destaca entre sus competidores por múltiples razones: cuenta con un display de LCD que permite tener a mano toda la información necesaria; con soporte para ID3, lo cual será de gran utilidad para navegar por los CDs repletos de archivos; dispone de baterías recargables, backlight, soporte para otros formatos, como WMA, y un completo ecualizador.

Marca: AVC Technology Ltd
Modelo: AVC Soul Player
Almacenamiento: CD-ROM
Alimentación: pila
Radio: no
Display: alfanumérico
Backlight: sí

Reproductores para el automóvil

Los reproductores de MP3 han excedido todas las barreras. Prueba de esto son los más novedosos reproductores especiales para el automóvil. A continuación, brindamos el detalle de algunos de ellos.

Aiwa CDC-X707M

Es el reproductor de la famosa compañía de audio; que incluye radio AM/FM, un soporte para reproducir CDs con archivos MP3, 30 memorias y un control remoto que se adapta al volante.

Marca: Aiwa
Modelo: CDC-X707M
Página web: www.aiwa.com

Kenwood Excelon Z919

Sus principales características son: completo display que permite visualizar todas las funciones, soporte para tags, selección de estilos musicales, control remoto, radio AM/FM y soporte para CDs de audio.

Marca: Kenwood
Modelo: Excelon Z919
Página web: www.kenwood.net

MPire Car MP3 Player

Reproduce videos, películas y archivos de sonido. Además, proporciona una pantalla de alta calidad y un completo control remoto. Su capacidad de almacenamiento es de 6 GB.

Marca: Xeenon
Modelo: MPire Car MP3 Player
Página web: www.xeenon.com

Clarion DXZ815MP (MP3/CD Changer)

Incluye la posibilidad de reproducir, además de CDs de audio, archivos **MP3**. Posee un completo ecualizador gráfico, un display de LCD y un útil control remoto infrarrojo.

Marca: Clarion
Modelo: DXZ815MP
Página web: www.autopc.com

AutoPC

Funciona bajo el sistema opartivo Windows CE. Incluye un completo display de LCD y la posibilidad de activar cualquiera de los controles con el uso de la voz. Permite revisar los mails, conocer el estado del tráfico y mucho más.

Marca: Clarion
Modelo: AutoPC
Página web: www.autopc.com

Apex

Permite almacenar archivos MP3 y videos, entre otros formatos. El reproductor de MP3 es, ni más ni menos, que el conocido Winamp. Además, puede reproducir DVDs, y posee un sintonizador de TV, entre otras cosas.

Marca: G-NET
Modelo: Apex
Página web: www.gnetcanada.com

Empeg Car

Además de su radio, incluye un disco rígido interno (con versiones desde los 4 GB hasta los 18 GB) que le permite almacenar miles de canciones. Contiene un display de LCD y el software necesario para transferir los archivos deseados.

Marca: EMPEG.com
Modelo: Empeg Car
Página web: www.empeg.com

Mach MP3

Mach MP3 es un clásico reproductor de audio para el automóvil, pero que ha agregado en su sistema la posibilidad de reproducir archivos MP3. De esta manera, permite disfrutar de más de diez horas de música. Incluye un sistema para la protección contra los golpes.

Marca: Visteon
Modelo: Mach MP3
Página web: www.evistion.com

Reproductores hogareños

Como se ha dicho anteriormente, el MP3 ya ha sobrepasado todas las barreras. En este sentido, y sin dejar de sorprendernos, actualmente también se pueden adquirir equipos de audio hogareños con soporte para archivos MP3.

Terratec m3po

Marca: Terratec
Modelo: m3po
Página web: www.m3po.com

Este producto de Terratec es de gran utilidad para los amantes de la música, ya que funciona como un complemento para cualquier equipo de audio. Posee una unidad de CD con soporte para archivos **MP3**, pero su principal virtud es que permite añadir un disco rígido convencional al que se le pueden transferir todos los archivos deseados en este formato.

Sony CFD-S40CP Boombox

Este equipo de Sony puede transportarse fácilmente y ser utilizado en el hogar. Incluye un reproductor de CDs que, además del clásico formato de audio, ejecuta archivos MP3.

Marca: Sony
Modelo: CFD-S40CP Boombox
Página web: www.sony.com

Aiwa XD-DV370 DVD/MP3 Player

Es un completo centro de entretenimiento, ya que, además de proveer de radio, reproduce archivos MP3 y ejecuta DVDs. Incluye un display multilenguaje y un poderoso control remoto.

Marca: Aiwa
Modelo: XD-DV370 DVD/MP3 Player
Página web: www.aiwa.com

FW-i1000

Es un potente equipo de música que se conecta a Internet para recibir las transmisiones de radio emitidas por este medio. Posee una lectora de CDs con soporte para MP3, y su potencia llega a los 240 vatios.

Marca: Philips
Modelo: FW-i1000
Página web: www.philips.com

RCA RS2538 5-Disc Audio System

Incluye un soporte para cinco CD en el que se pueden reproducir archivos MP3. Incorpora un completo ecualizador gráfico, radio FM, un display de LCD y sonido envolvente.

Marca: RCA
Modelo: RS2538 5-Disc Audio System
Página web: www.rca.com

Reproductores varios

Los más curiosos reproductores para la oficina, el negocio o la mesita de luz.

Wurlitzer® Internet Jukebox

Los Jukebox ya son, en su mayoría, muy populares en los bares. Pero este nuevo modelo posee algunas características interesantes. Las más destacadas son su pantalla color sensible al tacto, una amplia base de datos de aproximadamente 14 GB y conexión a Internet mediante DSL. Debido a esto último, además de poder bajar cualquier tema, permite navegar por la Web, o incluso recibir mails.

Anir

Con este fantástico control remoto es posible manejar la computadora como un poderoso equipo de música. Simplemente hay que conectarlo al puerto paralelo e instalar el software proporcionado, ya que es compatible con los reproductores más populares.

MP3 O'Clock

Hasta los relojes y despertadores se han sumado a la moda del MP3. Con MP3 O'Clock es posible almacenar 50 segundos de audio que pueden ser transferidos desde la PC utilizando el puerto paralelo, que permite, junto con el software incluido, realizar las transferencias correspondientes.

Placas de sonido

La principal virtud de las placas de audio con funciones para MP3 reside en que son capaces de realizar acciones que generalmente hace el micro restando potencia y recursos a la PC. Estas placas se encargan de dicho trabajo. De esta manera, libera recursos y mejora la calidad de audio, y, por consiguiente, la performance de la máquina.

Sound Blaster Live! MP3+

Marca: Creative Labs
Modelo: Sound Blaster Live! MP3+
Página web: www.creativelabs.com

Si comparamos Sound Blaster Live! MP3+ con Live! Value (en la que está inspirada), no encontraremos muchas diferencias. Ambas son PCI y utilizan el chip EMU10K1 de Creative; también, son compatibles con Enviromental Audio, EAX y DirectSound 3D, y poseen salidas para parlantes delanteros y traseros, entrada para micrófono, y LINE IN (aunque **MP3+** también incorpora salida digital S/PDIF). Siguiendo con sus similitudes, las dos placas poseen polifonía de 64 voces por hardware, SoundFonts de hasta 8 MB (y soportan hasta 32 MB), 48 canales MIDI con instrumentos GM & GS y 10 kits de tambores, entre otras cosas.

Sin embargo, Live! MP3+ hace gala de la cantidad y calidad de software que incorpora. Uno de los puntos más destacables es Live!Ware 3.0; los nuevos drivers y aplicaciones básicas de la placa; asimismo mejoran aún más la sensación de sonido ambiental (*surround*), agregando más efectos a los sonidos originales de juegos y programas. Además, incluye una amplia variedad de aplicaciones muy buenas y entretenidas: Keytar, que nos permite tocar diferentes estilos de guitarras; Rhytmania, para música MIDI, y una nueva versión de LAVA! (un reproductor de imágenes).

Turtle Beach Santa Cruz

Marca: Turtle Beach
Modelo: Turtle Beach Santa Cruz
Página web: www.voyetra-turtle-beach.com

Una de las características más llamativas de Santa Cruz es su soporte para Surround 5.1. Cuenta con dos parlantes frontales y dos traseros de rango completo; uno central con definición en el rango medio (usado para las voces en las bandas de sonido de las películas) y un *subwoofer* o parlante de bajos.

Otro detalle es que posee un DSP (*Digital Signal Processor*), que, a diferencia de los que traen la mayor parte de las placas hogareñas, es capaz de configurarse sólo para realizar distintas tareas, como la decodificación de MP3 y el manejo de filtros de sonido en tiempo real (esto alivia el trabajo del procesador de la PC).

Hay que destacar que el control sobre la placa es muy sencillo y completo; esto gracias al excelente Panel de control, que cuenta con mezclador y ecualizador propios.

Promoción de artistas en MP3.com

El servicio ofrecido por MP3.com permite a cualquier artista del mundo compartir sus creaciones. Organizado por géneros y estilos musicales, es actualmente una de las recopilaciones más grandes de música digital.

SERVICIO DE ATENCIÓN AL LECTOR
(54-11) 4959-5000 / lectores@tectimes.com

Cómo subir una banda a MP3.com

La posibilidad que tiene un artista de dar a conocer su música por la Web funciona, además de como un buen medio de promoción, como una forma de ganar dinero vendiendo el material a cualquier usuario que lo solicite.

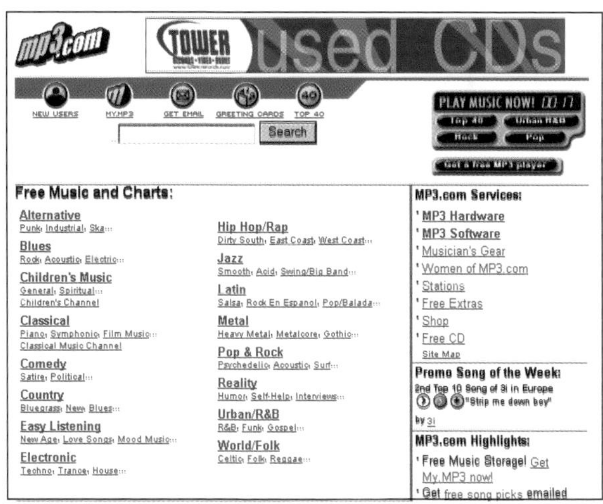

El proceso para subir una banda o un artista a **MP3.com** es sencillo. A continuación, lo describimos detalladamente.

Subir una banda a MP3.com — Paso a paso

1. Vamos a la sección `Artist Community` y marcamos la opción `New Artist Sign Up`, que permite añadir un nuevo artista.

❷ La siguiente pantalla, a modo de bienvenida, nos informa de algunos de los beneficios que brinda este servicio. Además, ofrece otras alternativas más completas, como la posibilidad de que las creaciones puedan ser utilizadas en películas, programas de TV, etc.

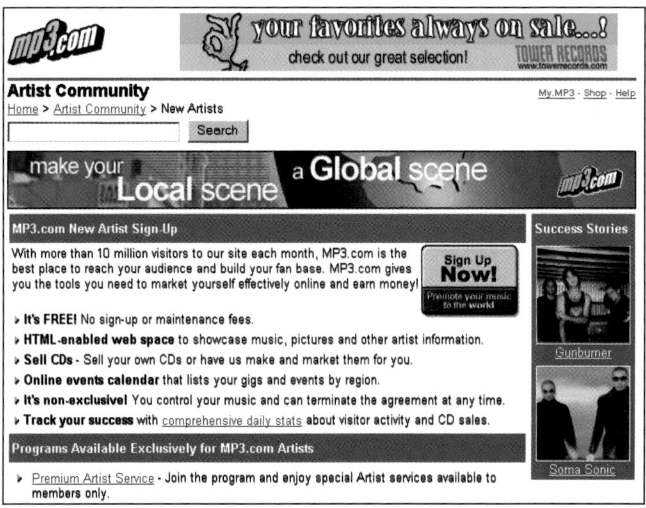

❸ Para comenzar a ingresar los datos y demás información, haremos clic en el botón `Sign Up Now!`. Esta pantalla brinda información sobre los requisitos básicos y necesarios para utilizar el servicio: un nombre para la banda o el artista, una dirección de e-mail y una de correo postal. Además de estos datos, es recomendable contar con: un archivo MP3 para subir, una foto de la banda o del artista y una foto alusiva al tema (o del CD en el que está incluido).

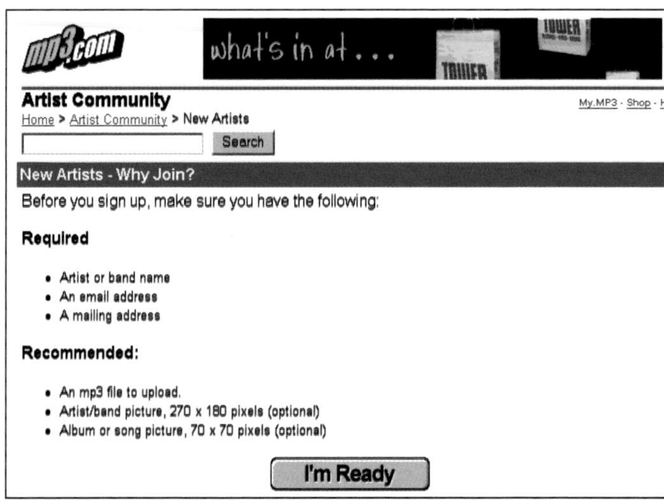

4. Si poseemos toda esta información, hacemos un clic en el botón **I´m Ready** y se abrirá una ventana que nos informa del comienzo de visualización de páginas bajo una conexión segura. Esto indica que toda la información que se ingrese será totalmente privada y no será visualizada por otro usuario. Para continuar, presionaremos sobre **Aceptar**.

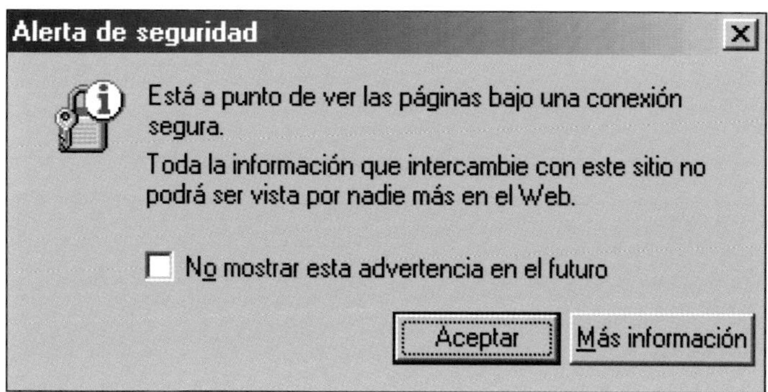

5. Como este ejemplo se trata de un nuevo artista, haremos clic sobre **Sign me up!**.

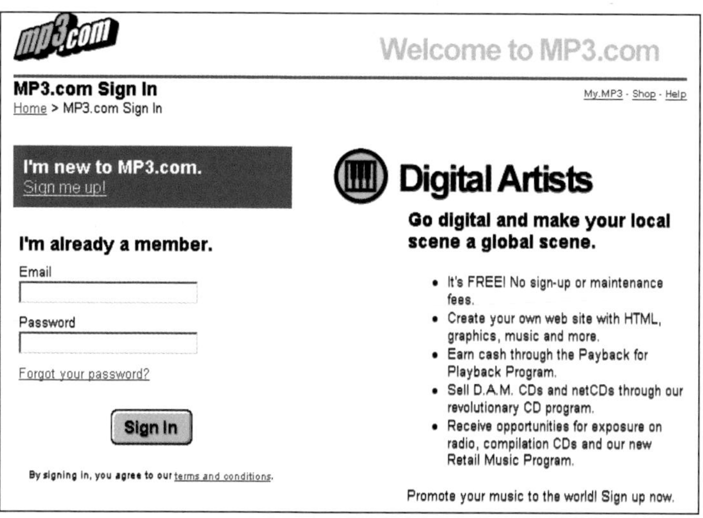

6. Esta pantalla pide información sobre el artista. Los datos requeridos son: e-mail, password, verificación de passoword, nickname, país, código postal, velocidad de conexión a Internet, sexo y el dato sobre si es mayor o menor de 21 años.

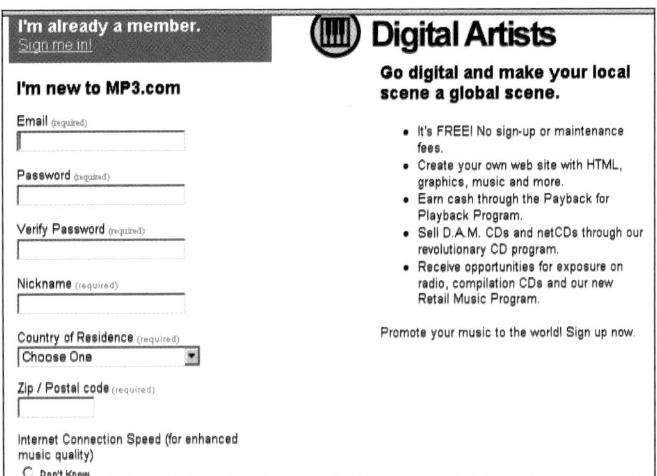

7 Una vez completados todos los datos, presionaremos sobre el botón `Done!` para seguir. Una nueva ventana de información nos comunicará que abandonamos la conexión segura. Nuevamente, para continuar, habrá que presionar sobre `Aceptar`.

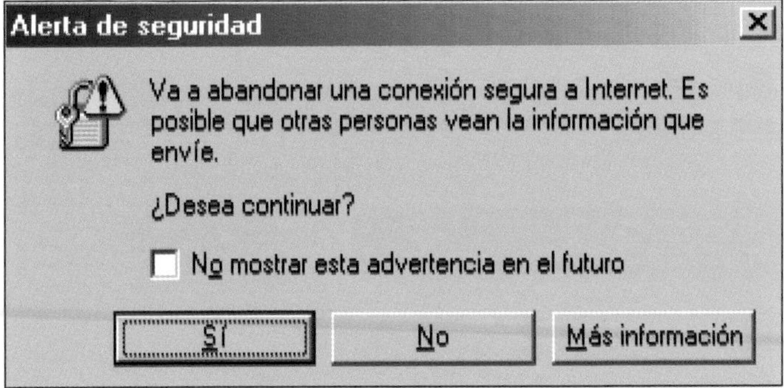

8 Esta pantalla solicita una clave de cuatro dígitos que el sistema nos envió anteriormente a la cuenta de correo. Este proceso es simplemente de verificación y seguridad. Una vez ingresada la clave, haremos clic en `Let Me In!!`.

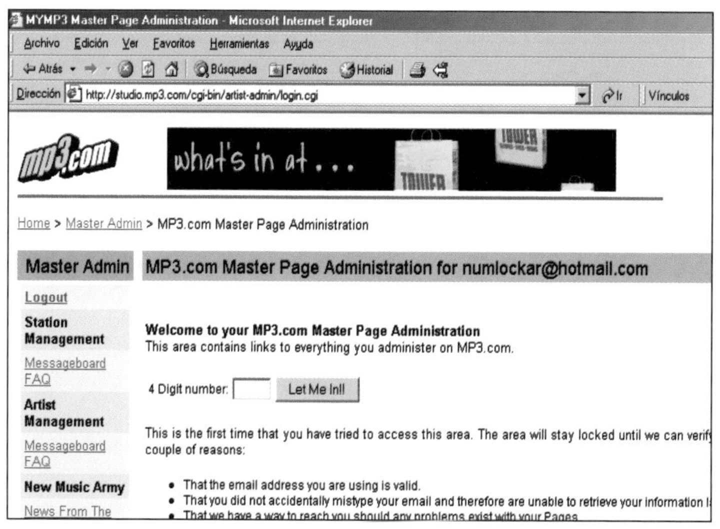

❾ Esta página nos informa que hemos ingresado como un administrador. Sólo resta añadir el artista; para ello, deberemos hacer clic en `Sign up a new artist here`.

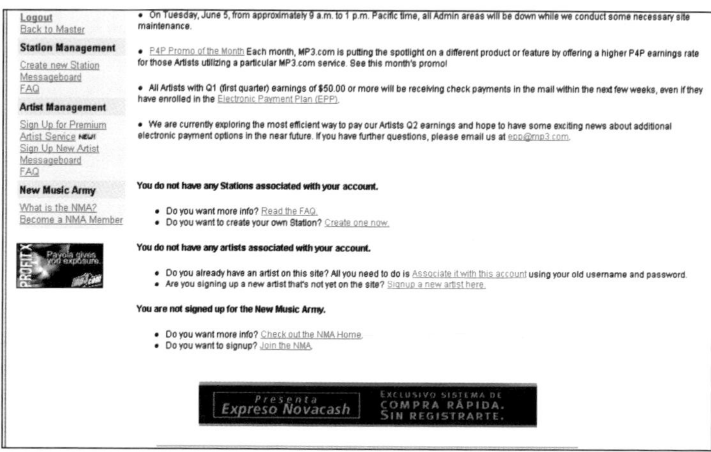

❿ En esta pantalla se indican los términos y condiciones para añadir nuevos artistas. En la parte final se observan los campos disponibles para dicho procedimiento. La información requerida consistirá en: si es mayor de 18 años, la manifestación del acuerdo con los términos y condiciones, el nombre de la banda o el artista, el género musical, la ciudad, estado o provincia de origen (con su código postal y país al que pertenece), la dirección de e-mail y la URL.

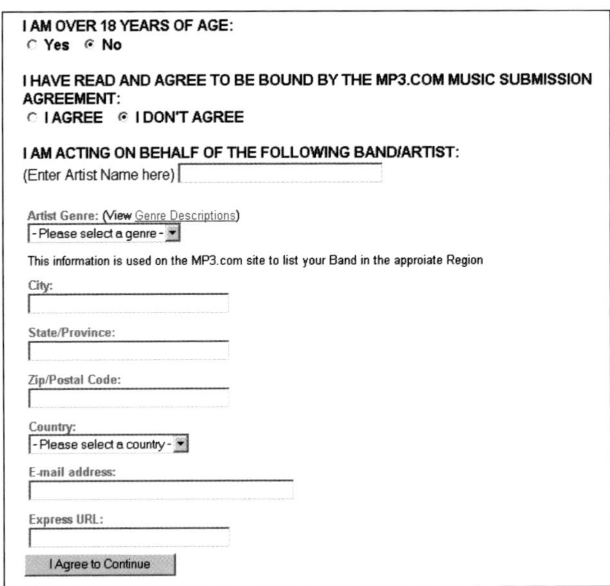

⓫ Una vez ingresados estos datos, presionaremos sobre el botón `I Agree to Continue`. Una nueva ventana nos informará que volvimos a una conexión segura.

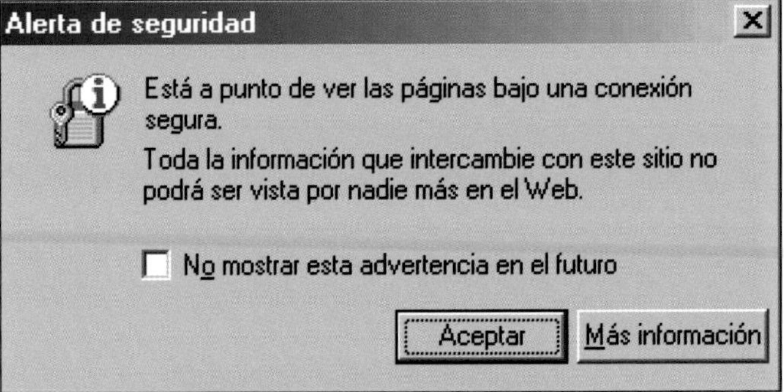

⓬ Promoción para nuevos usuarios. Aquí habrá que seleccionar la de nuestro agrado.

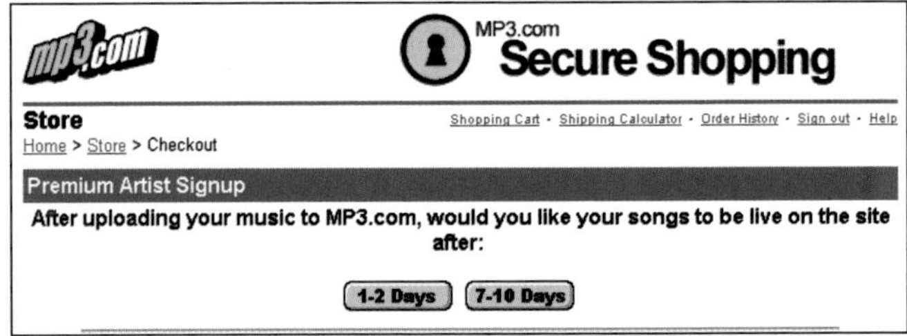

13 Aquí contaremos con otra promoción para recibir dinero luego de haber obtenido una cierta cantidad de visitas y reproducciones de nuestro material. Si seleccionamos **Yes**, accederemos a un servicio especial por el que se deberá abonar una suma específica en concepto de pago por esta prestación.

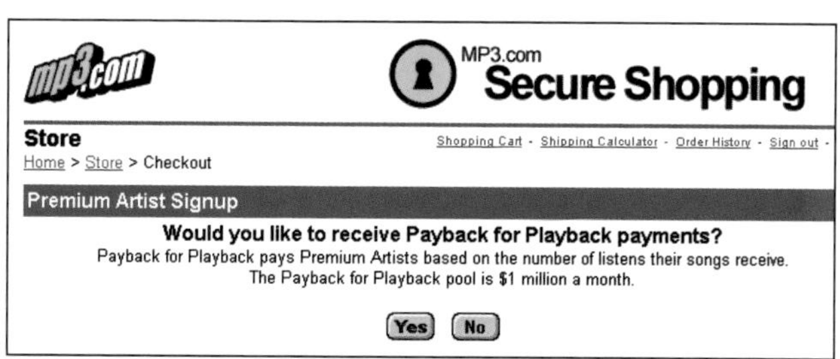

14 Esta promoción indica si queremos o no tener banners de publicidad en la página. En esta oportunidad, si seleccionamos **No**, accederemos a otro servicio por el cual habrá que abonar una suma adicional.

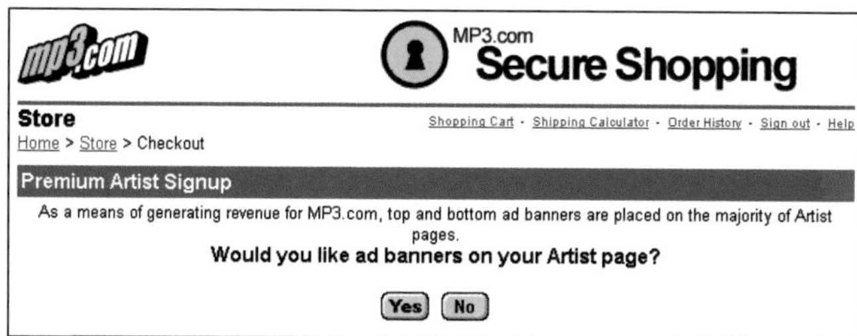

15 Si queremos utilizar los servicios, deberemos registrarnos; pero si deseamos continuar con la prestación gratuita, simplemente habrá que hacer clic sobre el botón **No Thanks**.

- Unlimited use of the MP3.com Uploader Tool, which can save you hours in one uploading session.
- The ability to hide your songs on your Artist page, but still have make them available for Stations, Music Greetings cards, and all other promotions and services.

Sign up today and receive the tools you need to effectively market yourself online!

Select to Subscribe (toggle selection)	Artist Name	Payment Method (New)	Price
☐	NumLockBAND	You do not have any payment types to use. Please click here to create one.	$19.99
☐	NumLocksdasd	You do not have any payment types to use. Please click here to create one.	$19.99
☑	NumLock BAND	You do not have any payment types to use. Please click here to create one.	$19.99

No Thanks
I'm just a music hobbyist.

Subtotal $19.99

⑯ El programa nuevamente indicará que se abandona la conexión segura.

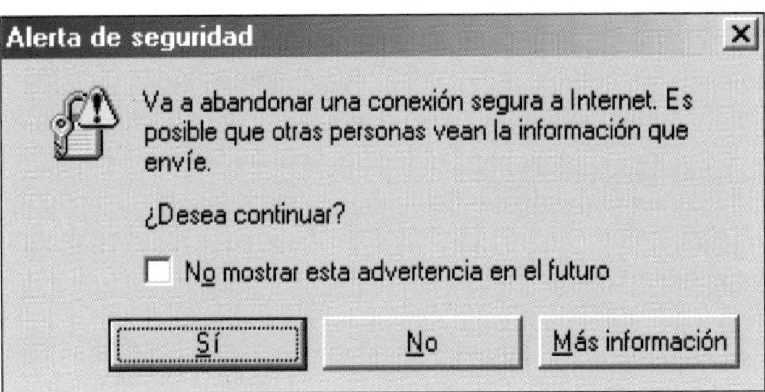

⑰ Esta ventana informa que se ha realizado el proceso de manera satisfactoria y que se reserva el nombre de la banda o el artista por un período de 30 días. Para añadir un `MP3`, habrá que hacer clic sobre `Artist Admin`.

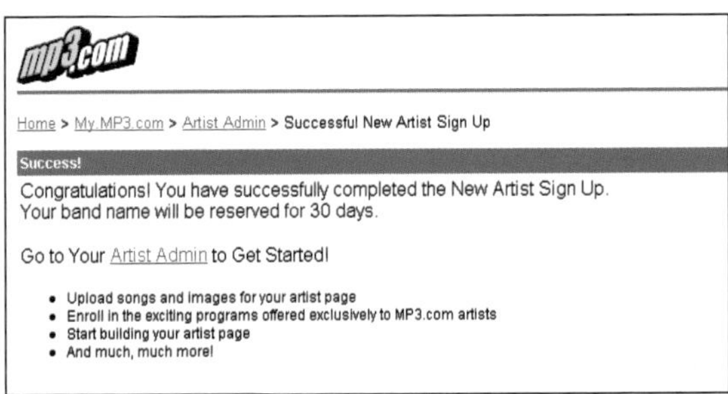

⑱ Esta ventana informa sobre los artistas disponibles que han sido añadidos anteriormente. Si hemos ingresado más de uno, seleccionaremos el que deseemos editar, con el link `Admin` correspondiente al artista.

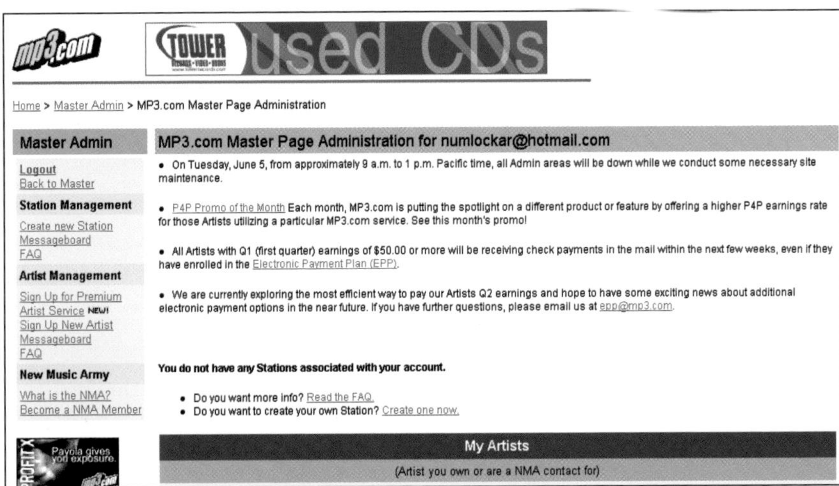

19 Accederemos a una ventana de administración del artista. En la parte superior se muestra la dirección de la página web creada para él, y sobre el sector derecho, los servicios disponibles: administrar el contenido, promocionar la música, estadísticas, diseño de la página, comunidad y soporte.

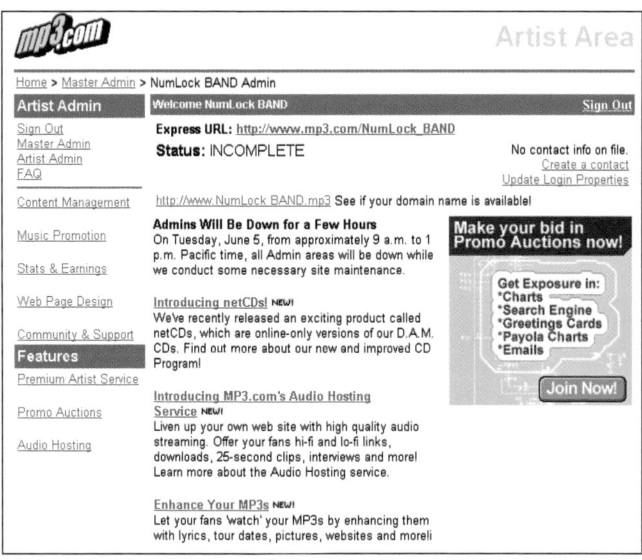

20 Lo primero que habrá que hacer es añadir un archivo `MP3`. Para ello, accedemos a la opción `Content Management`.

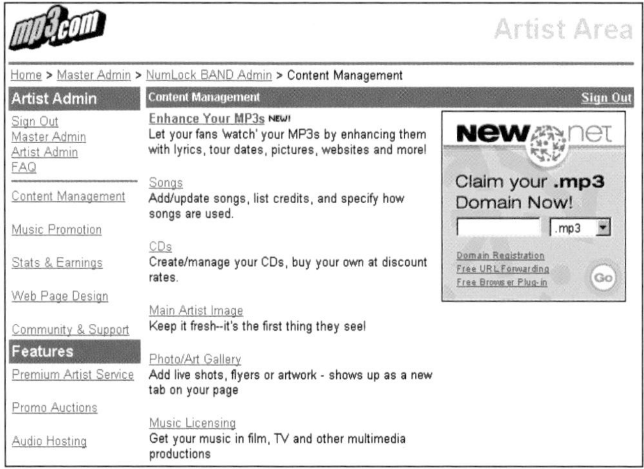

21 Esta ventana nos permite añadir o editar archivos `MP3`, crear o editar CDs y acceder a la galería de imágenes, entre otras cosas. Para subir un archivo, hay que elegir la opción `Song`.

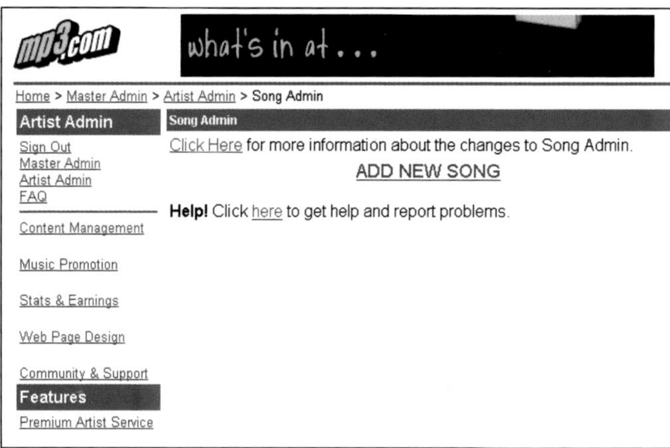

22 Una vez que estemos en esta ventana, haremos un clic en `Add new songs` y seleccionaremos el género principal del tema.

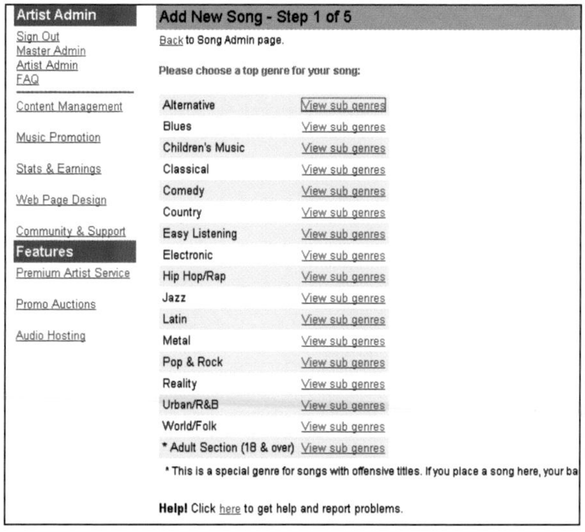

23 Luego se accederá a una subcategoría para poder especificar mejor la selección. Si esta categoría de subgéneros no se adapta al estilo, será posible ingresar un subgénero más. Luego de determinar uno, haremos clic sobre `Select this genre`.

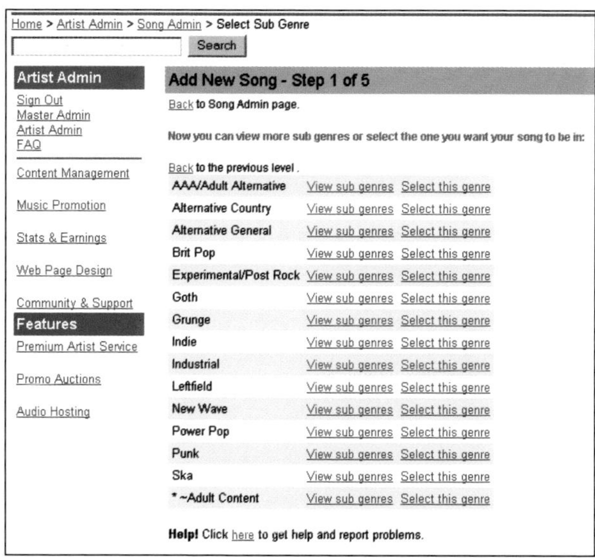

24 El siguiente paso consiste en ingresar información sobre el tema que subiremos: título del tema, descripción, opción para la protección de menores, nombre del CD, compañía musical, créditos, una reseña del tema, letra de la canción, aplicación creada para la creación del **MP3**, el sistema operativo utilizado, etc. Una vez ingresados los datos necesarios, presionaremos sobre **Continue**.

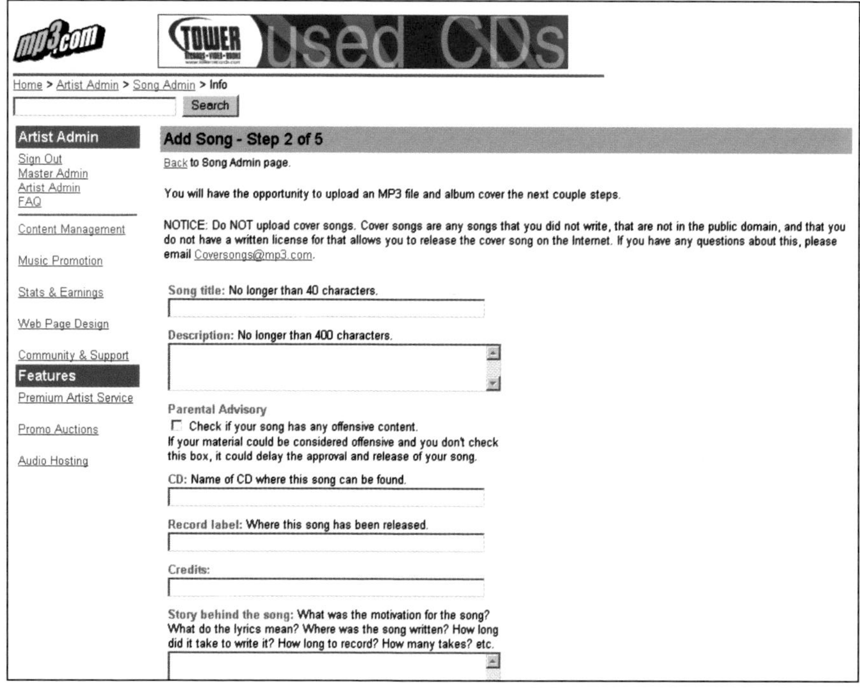

㉕ El tercer paso informa de las características que deben tener los archivos **MP3** que subiremos.

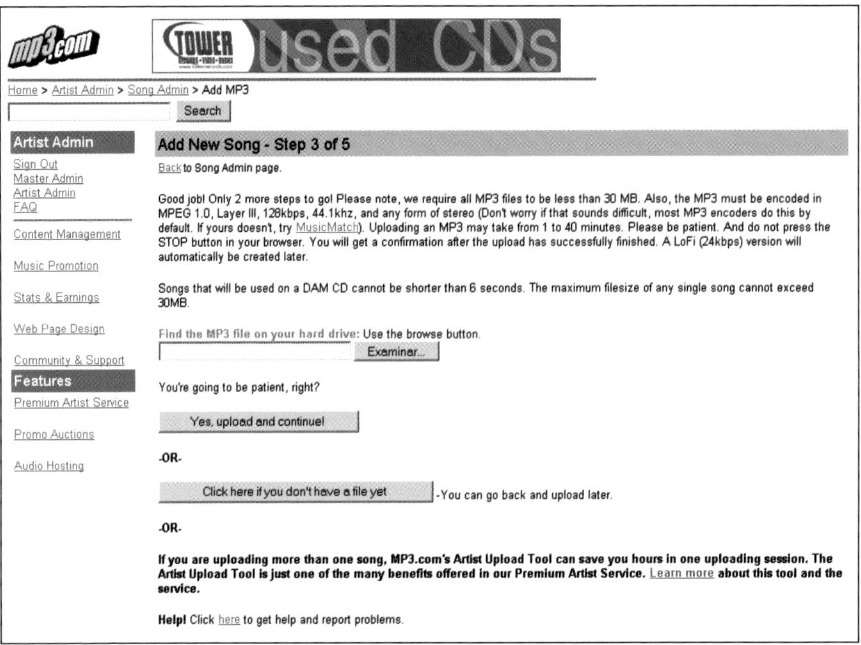

㉖ Utilizamos el botón **Examinar**, para explorar nuestras unidades en busca del archivo **MP3** que hay que subir. Si lo deseamos, podemos subir el archivo en ese momento (**Yes, upload and continue!**) o subirlo luego (**Click here if you don´t have a file yet**).

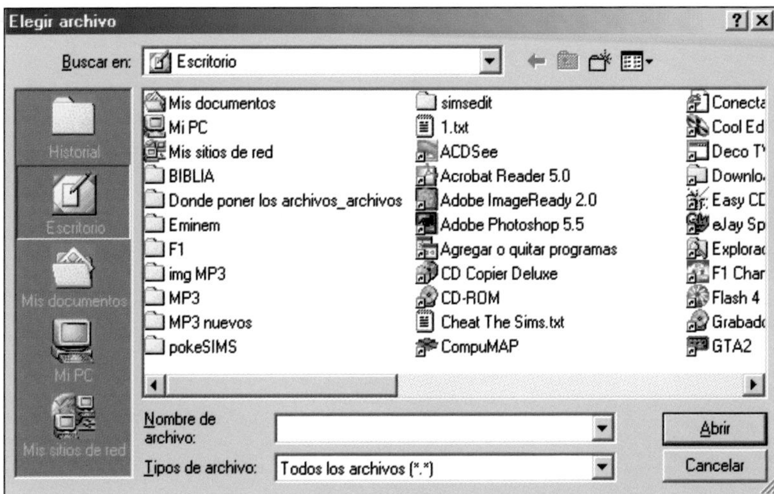

27 El penúltimo paso ofrece una atractiva opción: acompañar el tema con una imagen. Ésta puede corresponder al tema subido o simplemente al CD del cual se extrajo la canción. Para encontrar la imagen deseada contaremos, nuevamente, con el botón `Examinar`.

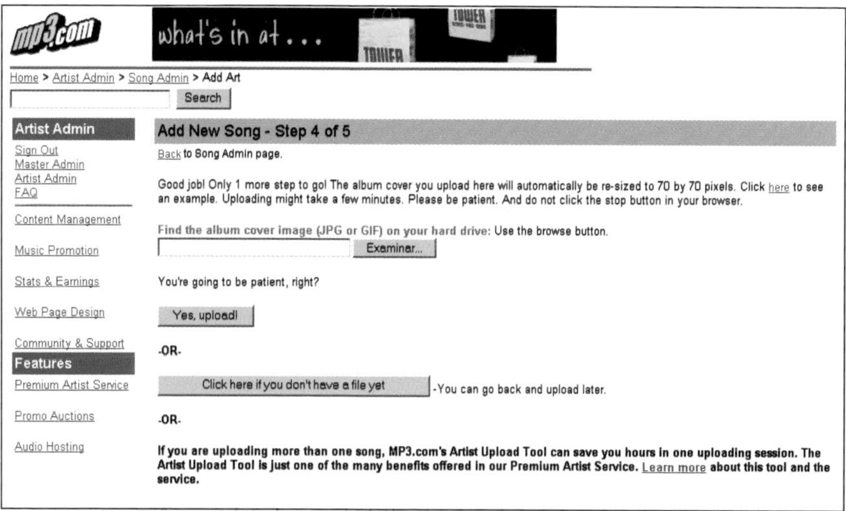

28 El último paso permite definir la disponibilidad en MP3.com. Las opciones son las siguientes: disponible libremente en MP3.com, sólo para realizar grabaciones en CDs, la opción de descarga no será habilitada, disponible sólo en algunas páginas y servicios de MP3.com y, por último, disponible en baja calidad.

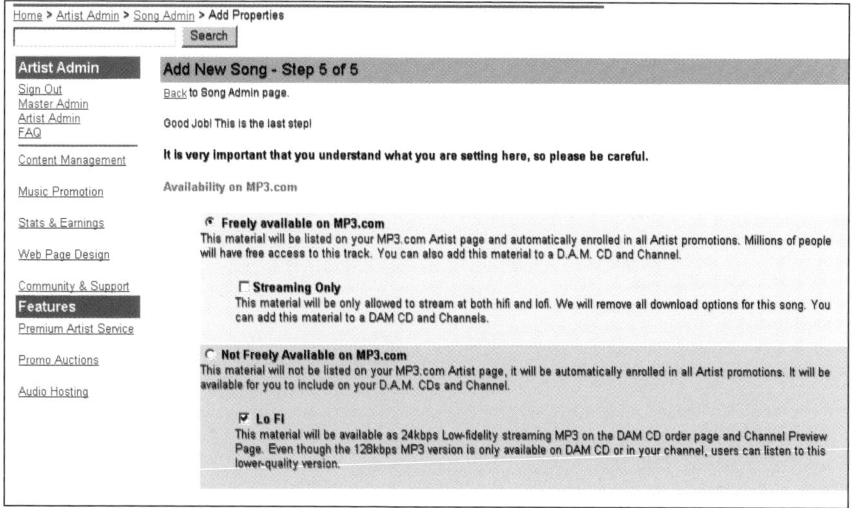

29 Una vez que hayamos finalizado la selección de disponibilidad, sólo restará presionar el botón `Finish adding this song`.

30 La siguiente ventana informa sobre el tema subido, con su correspondiente número de identificación y género musical. Además, desde aquí mismo será posible eliminarlo o añadir otro nuevo.

Por supuesto, para subir un nuevo tema habrá que repetir los pasos mencionados.

El servicio brindado por MP3.com es el más importante en la Web, y que ayuda a los artistas menos conocidos a difundir sus trabajos. Además, dependiendo de la repuesta de los usuarios, pueden conseguir dinero, o incluso un contrato con algún sello discográfico interesado en su repercusión.

Es por eso que, si tienen una banda y quieren que todo el mundo pueda conocerla, simplemente accedan a este servicio, y esperen a tener algo de suerte!

Palabras finales

El futuro del MP3 es, hoy por hoy, impredecible. El debate provocado por las divergencias que en la opinión pública se presentan sobre el MP3 y las nuevas prácticas de intercambio de material protegido bajo derechos de autor, no da muestras de posturas concretas que puedan regularlo (a pesar de los intereses en juego de grandes grupos financieros).

Microsoft, en la próxima versión de su sistema operativo, **Windows XP**, planea, entre otras cosas, imponer en el mercado el WMA: un formato de audio desarrollado por la compañía, que ya posee acuerdos con importantes empresas sobre la legalidad de esta nueva aplicación, más importantes funciones de seguridad para impedir la copia de material con derechos de autor.

El grado de seriedad y persistencia con que la empresa de Bill Gates está abordando el tema dará lugar, posiblemente, a la aparición de un nuevo estándar. Principalmente, por el hecho de que éste se encontraría apoyado en el sistema operativo sobre el cual se realiza la mayoría de las reproducciones e intercambios.

Las nuevas demandas legales, el desarrollo de nuevas aplicaciones y de la cultura de los usuarios, y los avances tecnológicos determinarán, en definitiva, el futuro del MP3. Asimismo, y para concluir, es necesario remarcar la importancia de las investigaciones llevadas a cabo con el fin de mejorar este formato.

MP3pro

Según sus desarrolladores, esta nueva tecnología permite almacenar archivos con la misma calidad que en el formato anterior, pero en la mitad del espacio utilizado por el MP3.

Este avance fue desarrollado por Thomson Multimedia, que posee una licencia compartida junto con el Fraunhofer Institute y que otorgó la licencia para su desarrollo a Coding Technologies.

También se espera que en los próximos meses las aplicaciones más populares actualicen su funcionamiento para esta nueva tecnología, que también permite reproducir los MP3 de versiones anteriores. Una notable ventaja es que con este nuevo formato se podrá, por ejemplo, almacenar un mayor número de archivos en dispositivos portátiles.

Esta nueva versión competirá directamente con el WMA desarrollado por Microsoft, aunque no incluye las opciones de seguridad implementadas por la empresa en su formato.

En el CD que acompaña a este libro, encontrará el player y el encoder proporcionados por Coding Technologies. El encoder permite convertir archivos WAV en archivos MP3pro de 64 kbps, manteniendo una calidad similar a la de una grabación de 128 kbps. El player, por su parte, permite reproducir tanto este nuevo formato como el anterior.

El funcionamiento del **MP3pro** es sencillo: se divide la grabación en dos partes, una analiza las frecuencias bajas, y la restante, las altas; esta división permite analizar un menor número de información, con lo cual se optimiza el proceso. Luego éstas se juntan tomando la mayor calidad pero con un tamaño mucho menor.

Sin lugar a dudas, la reducción del tamaño en los archivos **MP3**, sin pérdida de calidad en el sonido, proporcionará a los reproductores portátiles una mayor capacidad de almacenamiento, lo que implica más horas de música. Esta misma ventaja puede ser aplicada para el intercambio, ya que al reducir el "peso" de los archivos, será menor el tiempo necesario para descargarlos desde la Web o utilizando algún programa de intercambio.

Todo hace pensar que las nuevas características que se añadan al **MP3** serán del agrado de todos los usuarios en el futuro, pero es de esperar también que las empresas tomen medidas más fuertes para reducir el intercambio de material con derechos de autor.

Servicios al lector

En esta sección, encontrarán importante información adicional que USERS pone a su disposición para garantizar una comprensión integral de los temas desarrollados en este libro.

Guía de referencia menú x menú

Winamp

Principal

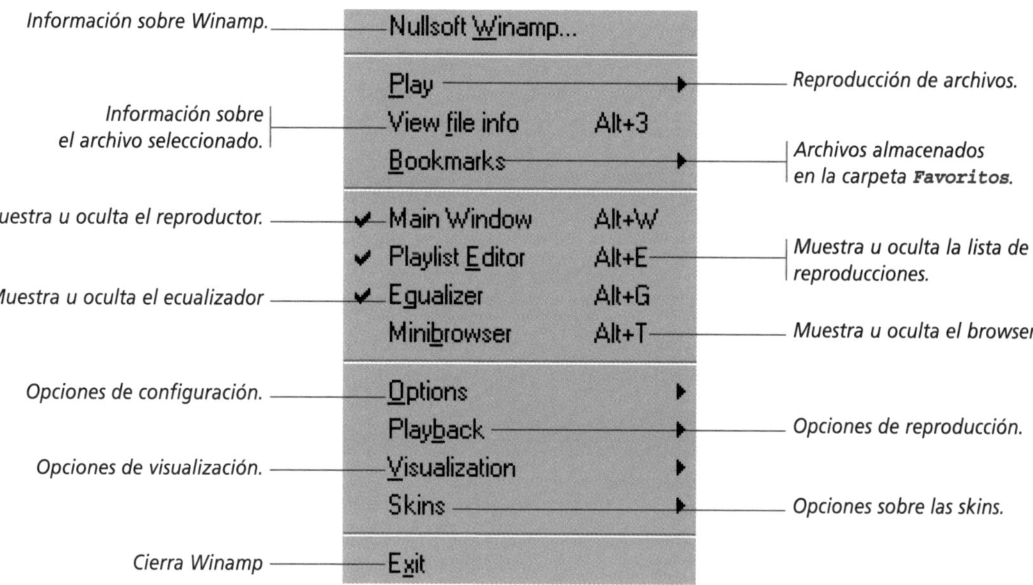

Playback

Opción	Atajo	Descripción
Previous	Z	Retrocede un tema.
Play	X	Comienza la reproducción.
Pause	C	Interrumpe momentáneamente la reproducción.
Stop	V	Detiene la reproducción.
Next	B	Pasa al siguiente tema.
Stop w/ fadeout	Shift+V	Detiene la reproducción con un efecto "fadeout".
Stop after current	Ctrl+V	Detiene la reproducción al finalizar el tema actual.
Back 5 seconds	Left	Retrocede cinco segundos del tema actual.
Fwd 5 seconds	Right	Avanza cinco segundos del tema actual.
Start of list	Ctrl+Z	Reproduce el primer tema de la lista.
10 tracks back	Num. 1	Retrocede diez temas.
10 tracks fwd	Num. 3	Avanza diez temas.
Jump to time	Ctrl+J	Avanza hasta un tiempo determinado de la reproducción actual.
Jump to file	J	Cambia de archivo.

Servicios al lector

Play

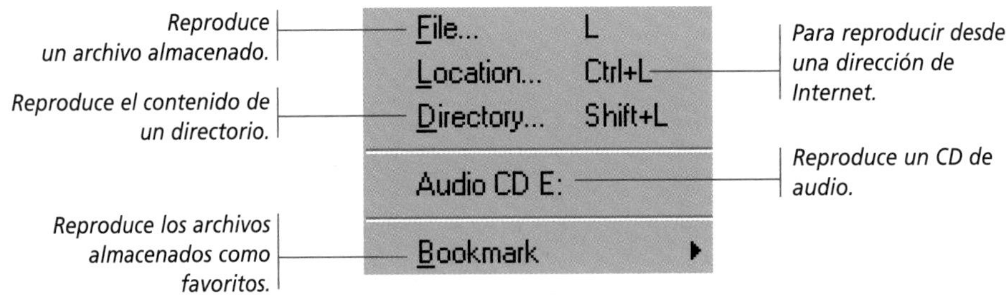
Reproduce un archivo almacenado.
Reproduce el contenido de un directorio.
Reproduce los archivos almacenados como favoritos.
File... L
Location... Ctrl+L
Directory... Shift+L
Audio CD E:
Bookmark
Para reproducir desde una dirección de Internet.
Reproduce un CD de audio.

Skin

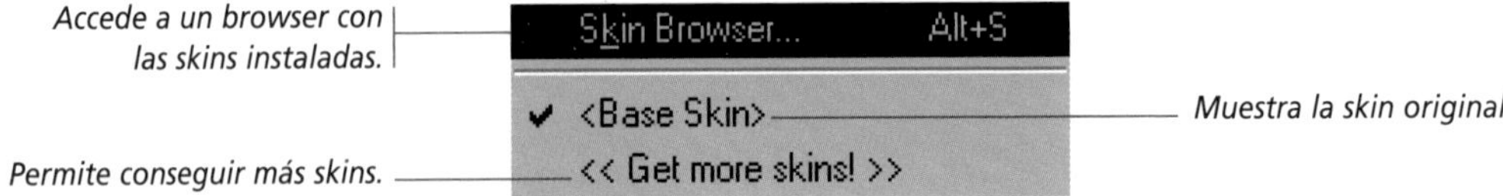
Accede a un browser con las skins instaladas.
Permite conseguir más skins.
Skin Browser... Alt+S
<Base Skin>
<< Get more skins! >>
Muestra la skin original.

Option

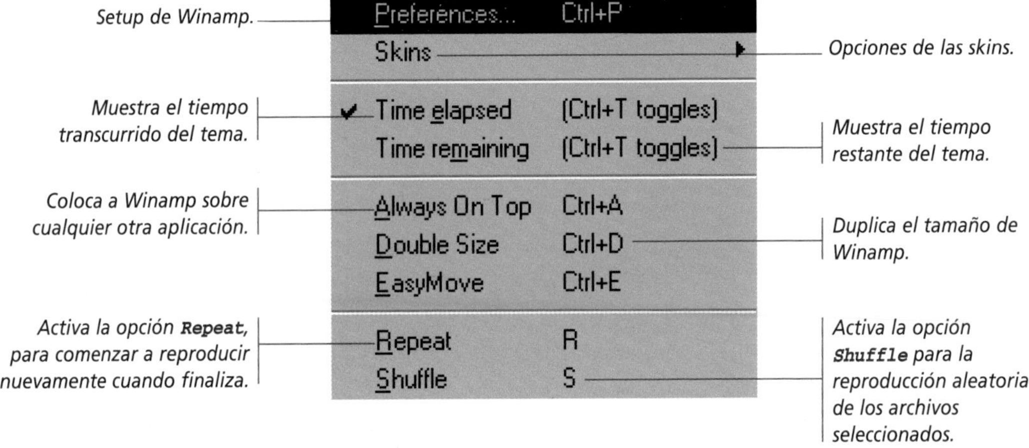
Setup de Winamp.
Muestra el tiempo transcurrido del tema.
Coloca a Winamp sobre cualquier otra aplicación.
Activa la opción Repeat, para comenzar a reproducir nuevamente cuando finaliza.
Preferences... Ctrl+P
Skins
Time elapsed (Ctrl+T toggles)
Time remaining (Ctrl+T toggles)
Always On Top Ctrl+A
Double Size Ctrl+D
EasyMove Ctrl+E
Repeat R
Shuffle S
Opciones de las skins.
Muestra el tiempo restante del tema.
Duplica el tamaño de Winamp.
Activa la opción Shuffle para la reproducción aleatoria de los archivos seleccionados.

Visualization

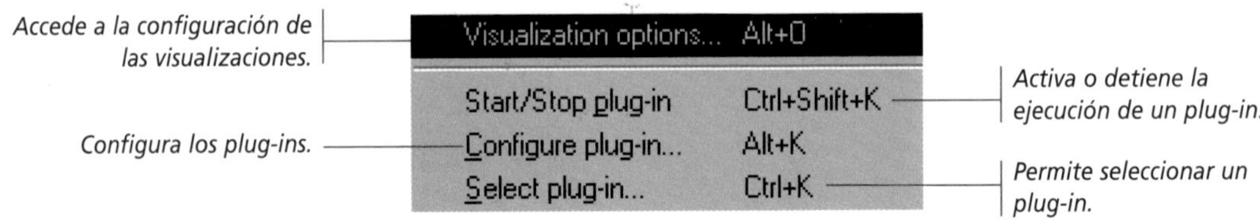
Accede a la configuración de las visualizaciones.
Configura los plug-ins.
Visualization options... Alt+O
Start/Stop plug-in Ctrl+Shift+K
Configure plug-in... Alt+K
Select plug-in... Ctrl+K
Activa o detiene la ejecución de un plug-in.
Permite seleccionar un plug-in.

MusicMatch

File

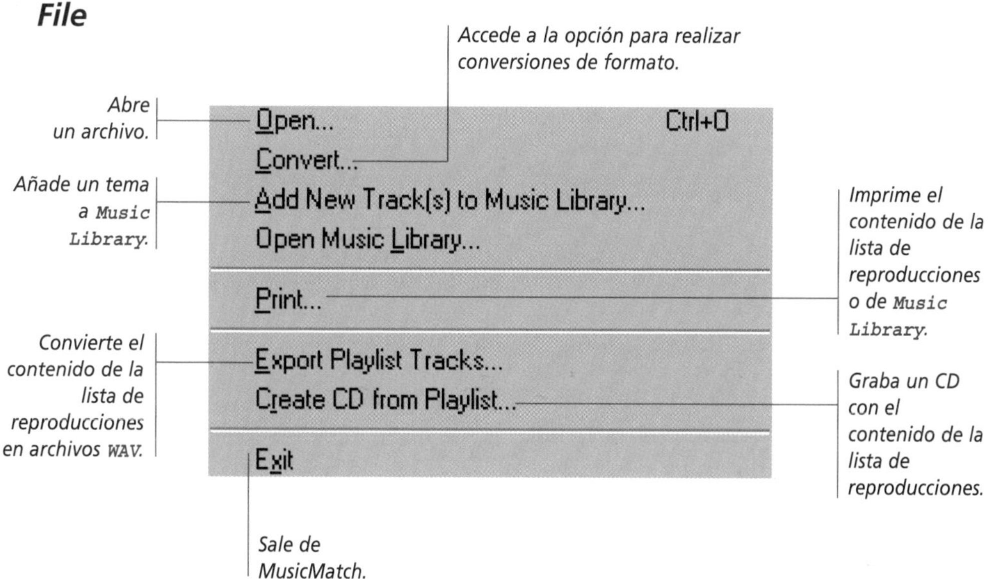
Accede a la opción para realizar conversiones de formato.
Abre un archivo.
Añade un tema a Music Library.
Convierte el contenido de la lista de reproducciones en archivos WAV.
Open... Ctrl+O
Convert...
Add New Track(s) to Music Library...
Open Music Library...
Print...
Export Playlist Tracks...
Create CD from Playlist...
Exit
Imprime el contenido de la lista de reproducciones o de Music Library.
Graba un CD con el contenido de la lista de reproducciones.
Sale de MusicMatch.

View

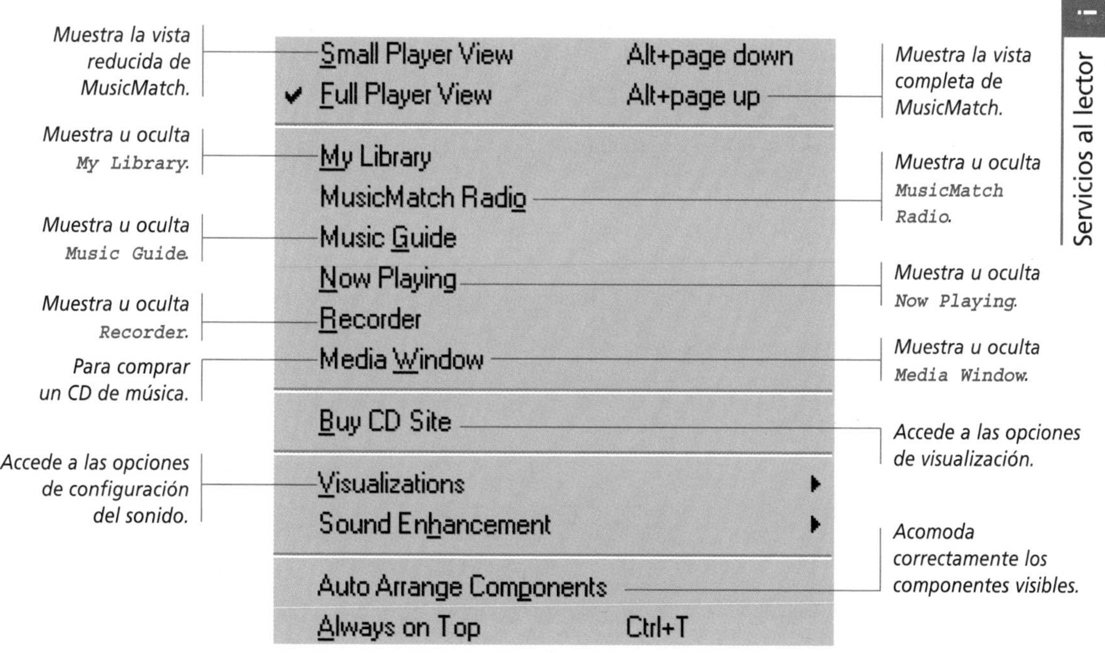
Muestra la vista reducida de MusicMatch.
Muestra u oculta My Library.
Muestra u oculta Music Guide.
Muestra u oculta Recorder.
Para comprar un CD de música.
Accede a las opciones de configuración del sonido.
Small Player View Alt+page down
Full Player View Alt+page up
My Library
MusicMatch Radio
Music Guide
Now Playing
Recorder
Media Window
Buy CD Site
Visualizations
Sound Enhancement
Auto Arrange Components
Always on Top Ctrl+T
Muestra la vista completa de MusicMatch.
Muestra u oculta MusicMatch Radio.
Muestra u oculta Now Playing.
Muestra u oculta Media Window.
Accede a las opciones de visualización.
Acomoda correctamente los componentes visibles.

Servicios al lector

Edit

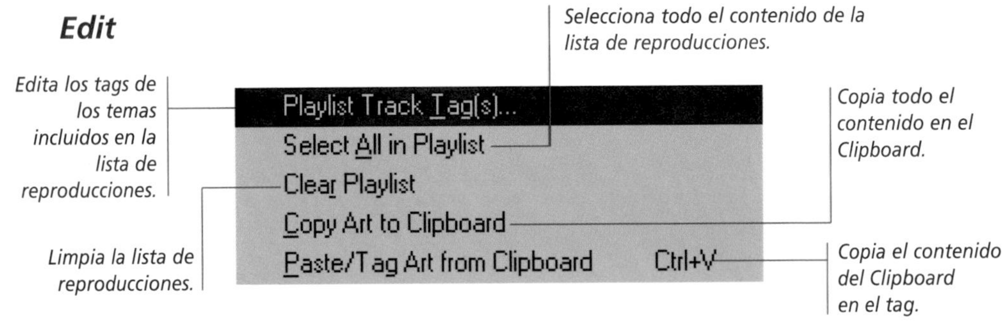
Selecciona todo el contenido de la lista de reproducciones.
Edita los tags de los temas incluidos en la lista de reproducciones.
Playlist Track Tag(s)...
Select All in Playlist
Clear Playlist
Copy Art to Clipboard
Paste/Tag Art from Clipboard
Ctrl+V
Copia todo el contenido en el Clipboard.
Limpia la lista de reproducciones.
Copia el contenido del Clipboard en el tag.

Options

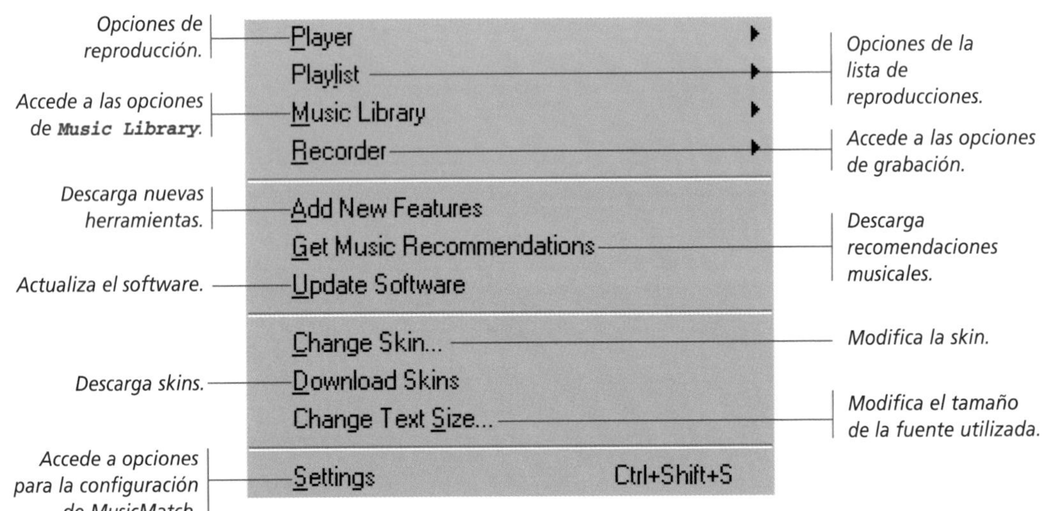
Opciones de reproducción.
Player
Playlist
Music Library
Recorder
Opciones de la lista de reproducciones.
Accede a las opciones de Music Library.
Accede a las opciones de grabación.
Descarga nuevas herramientas.
Add New Features
Get Music Recommendations
Update Software
Descarga recomendaciones musicales.
Actualiza el software.
Change Skin...
Modifica la skin.
Descarga skins.
Download Skins
Change Text Size...
Modifica el tamaño de la fuente utilizada.
Accede a opciones para la configuración de MusicMatch.
Settings
Ctrl+Shift+S

Help

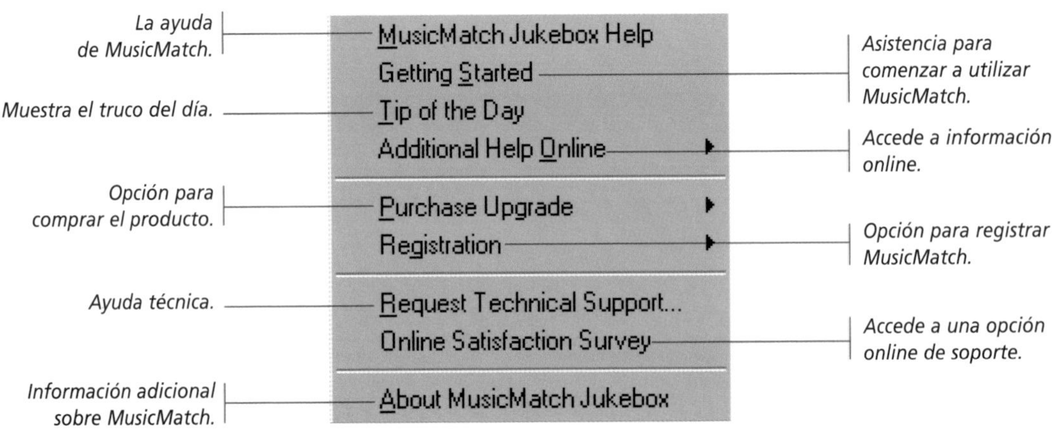
La ayuda de MusicMatch.
MusicMatch Jukebox Help
Getting Started
Asistencia para comenzar a utilizar MusicMatch.
Muestra el truco del día.
Tip of the Day
Additional Help Online
Accede a información online.
Opción para comprar el producto.
Purchase Upgrade
Registration
Opción para registrar MusicMatch.
Ayuda técnica.
Request Technical Support...
Online Satisfaction Survey
Accede a una opción online de soporte.
Información adicional sobre MusicMatch.
About MusicMatch Jukebox

LimeWire

File

LimeWire
File
Naviga
Exit
Sale de LimeWire.

Tool

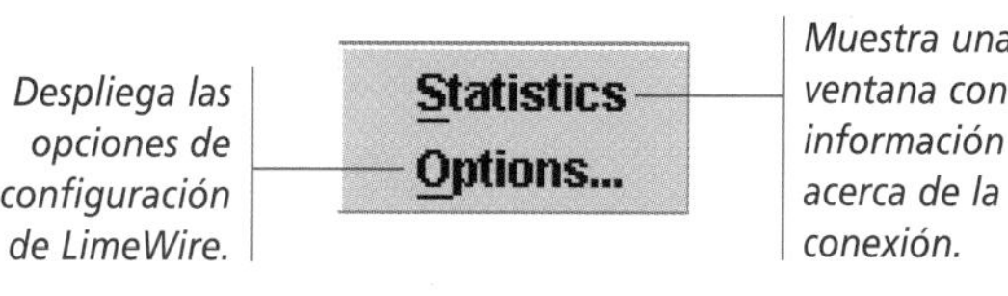
Statistics
Options...
Despliega las opciones de configuración de LimeWire.
Muestra una ventana con información acerca de la conexión.

Navigation

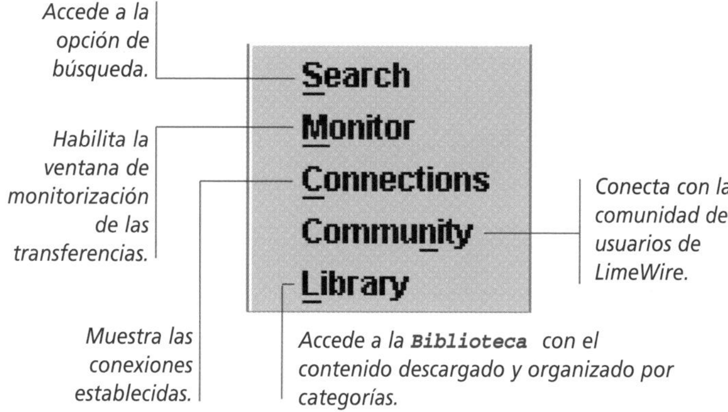
Search
Monitor
Connections
Community
Library
Accede a la opción de búsqueda.
Habilita la ventana de monitorización de las transferencias.
Muestra las conexiones establecidas.
Conecta con la comunidad de usuarios de LimeWire.
Accede a la Biblioteca con el contenido descargado y organizado por categorías.

Help

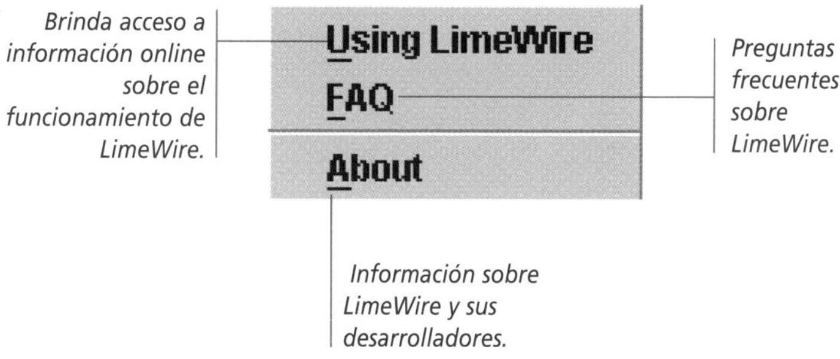
Using LimeWire
FAQ
About
Brinda acceso a información online sobre el funcionamiento de LimeWire.
Preguntas frecuentes sobre LimeWire.
Información sobre LimeWire y sus desarrolladores.

Los mejores sitios web relacionados

Este capítulo pone al alcance de los lectores una selecta y detallada lista de sitios web en los que podrán encontrar todo el soft y el hard, información, archivos MP3, accesorios, y demás materiales y aplicaciones de gran utilidad.

Software

TecTimes

www.tectimes.com

Es un completo portal sobre tecnología destacado por su sección **Downloads**, que posee una categoría especial destinada al soft para archivos MP3. Entre sus variados servicios, brinda la posibilidad de acceder a las más completas revisiones sobre reproductores portátiles y placas de sonido, entre otras cosas. Como broche de oro, la sección **Foros** ofrece un espacio especial donde discutir y compartir ideas sobre este formato.

DOWNLOAD.COM
www.download.com

Uno de los sitios más completos para descargar soft. Como no podía ser de otra manera, cuenta con una sección especialmente reservada para el MP3. Además, periódicamente brinda tutoriales y diferentes complementos para la utilización y el conocimiento de este formato.

JUMBO!
www.jumbo.com

Quizás el sitio de soft general que cuenta con la sección más completa sobre MP3. Players, rippers y administradores, entre otras cosas, están disponibles para bajar libremente. Cuenta con informes especiales e interesantes packs de software.

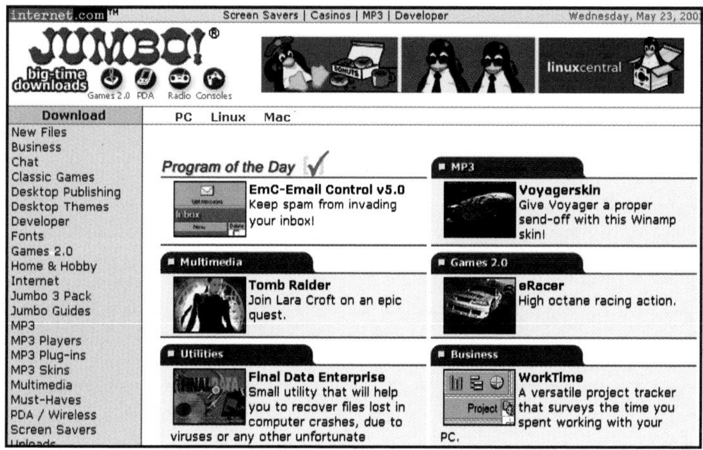

Mp3 Soft

mp3soft.hypermart.net

Se trata de un sencillo sitio con exclusividad para compartir software para MP3. En su página podrán encontrar el software necesario para reproducir, realizar conversiones entre formatos, administrar grandes colecciones, bajar plug-ins, skins y muchas cosas más. Sobresale por su sencillez para acceder fácilmente al soft deseado.

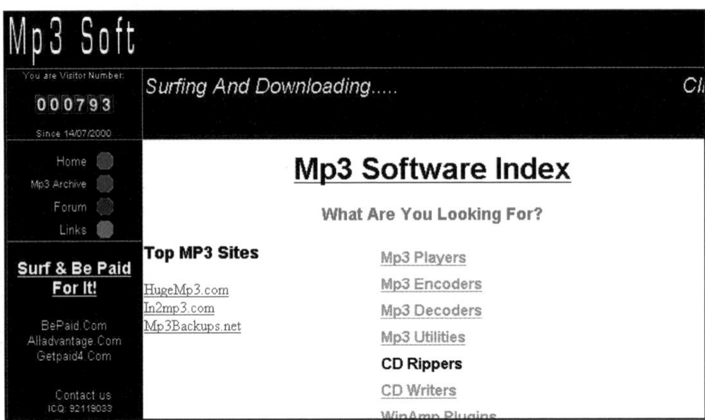

MP3 MACHINE.COM

www.mp3machine.com

Es un sitio desarrollado íntegramente para la distribución de software especializado en MP3. El software disponible se presenta dividido en varias categorías (como **Players, Encoders, Plug-ins, Skins**, etc.), y está también catalogado para diferentes plataformas. Permite conocer noticias, acceder a tutoriales, FAQs y otras cosas más.

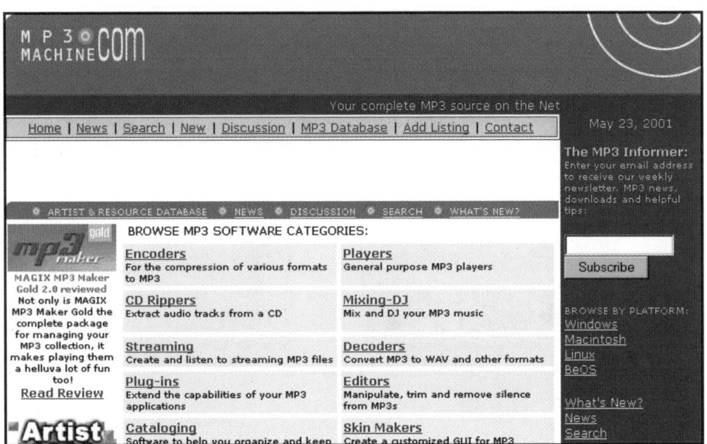

MP3 Planet

www.mp3planet.dp.ua

Está especialmente dedicado a compartir las últimas novedades relacionadas con el soft para MP3. Encontrarán categorías como **Players**, **Rippers**, **Skins**, **Encoders/Decoders**, y más. También cuenta con un potente buscador de MP3, y un ranking de canciones.

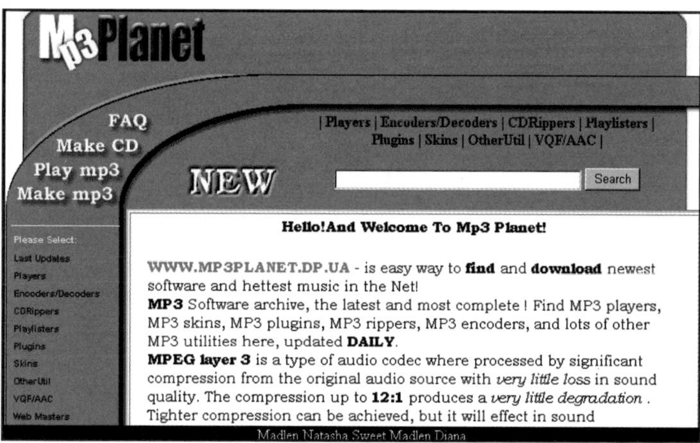

NULLSOFT WINAMP

www.winamp.com

Winamp es un famoso reproductor, uno de los factores fundamentales para el uso masivo de archivos MP3. En la página oficial se puede bajar la última versión disponible, totalmente gratuita; así como conseguir los más variados plug-ins y skins, entre otras cosas.

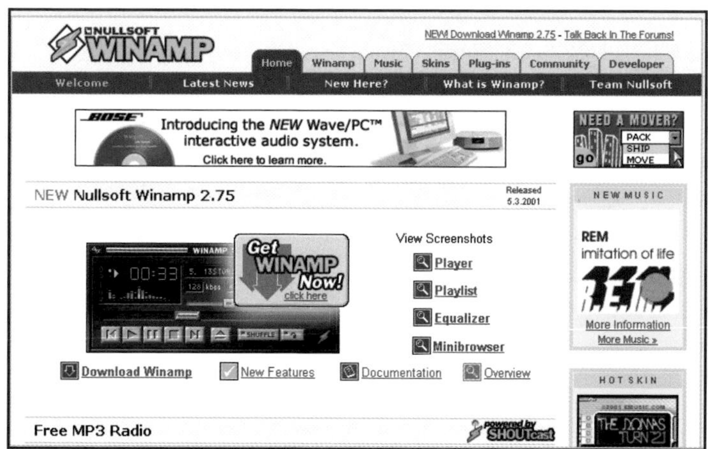

Buscadores

audiogalaxy

www.audiogalaxy.com

Seguramente, este nombre les sonará conocido (por el software que permite intercambiar archivos). En su site, al igual que en el programa, se incluye un browser con un potente motor de búsqueda. Además, brinda información adicional sobre nuevos artistas, transmisiones especiales de diferentes eventos, acceso a los grupos de usuarios ordenados por gustos, etc.

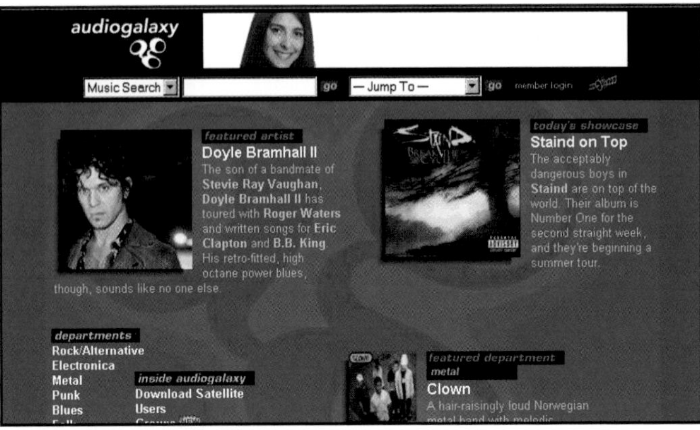

napster

www.napster.com

Aunque desde su página web no se pueden realizar búsquedas sobre material protegido por leyes de copyright, la sección de buscadores es la que mejor le sienta. Tiene acceso a las últimas novedades relacionadas con sus disputas legales; y a informes especiales de artistas nuevos y consagrados que utilizan este medio. Asimismo, permite bajar la última versión disponible, o participar de su newsletter para conseguir información.

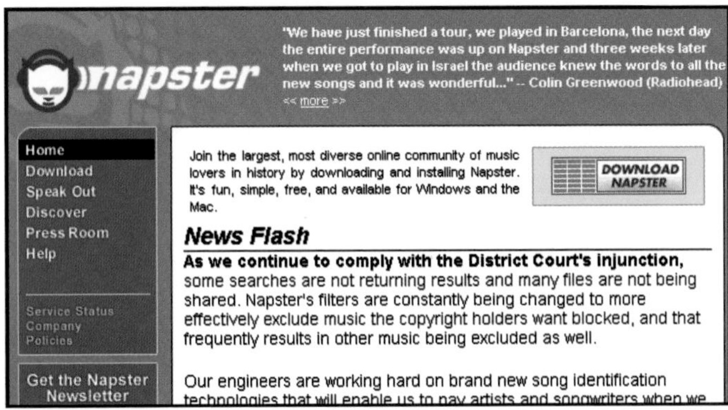

gnutella

[*gnutella.wego.com*]

En este sitio se explica qué es gnutella, las alternativas que presenta, los diferentes aspectos legales y las últimas noticias relacionadas con esta nueva modalidad de intercambio de archivos. Conozca sus principales aplicaciones, participe del foro o utilice sus completos tutoriales.

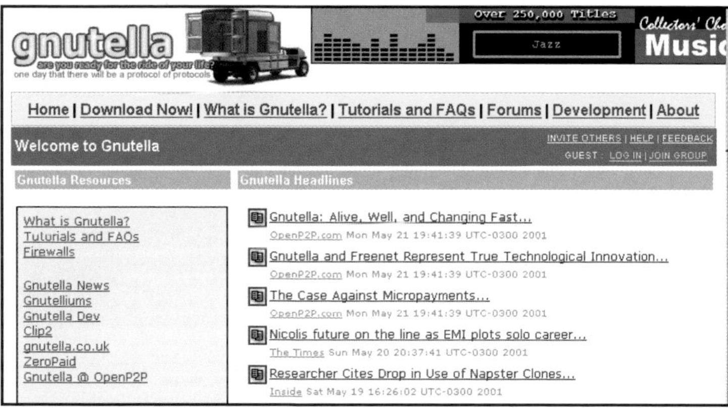

LYCOS MUSIC

[*music.lycos.com*]

Este conocido buscador ha incorporado, entre sus variados servicios, uno especial destinado a MP3. Allí podrán realizar búsquedas de archivos MP3, conocer nuevos artistas, bajar distintas clases de software y acceder a información sobre recitales, noticias del ámbito musical y demás.

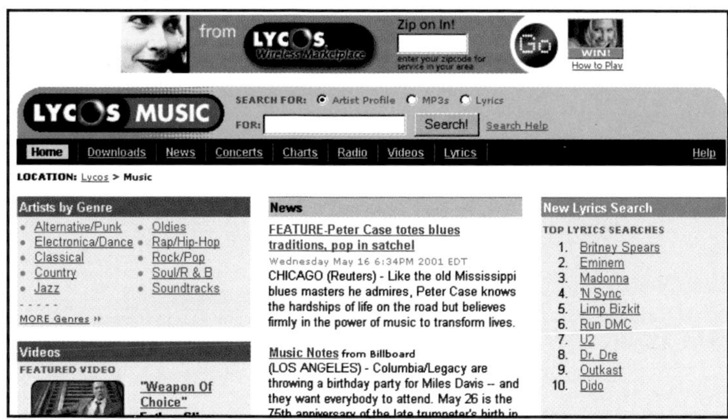

Servicios al lector

M P -

32000.COM

www.mp32000.com

Es un sencillo sitio que cuenta con una interfase simple pero muy útil para realizar cualquier tipo de búsqueda de archivos MP3. Cuenta con secciones especiales con los más bajados, abundantes links e información exclusiva sobre nuevos lanzamientos.

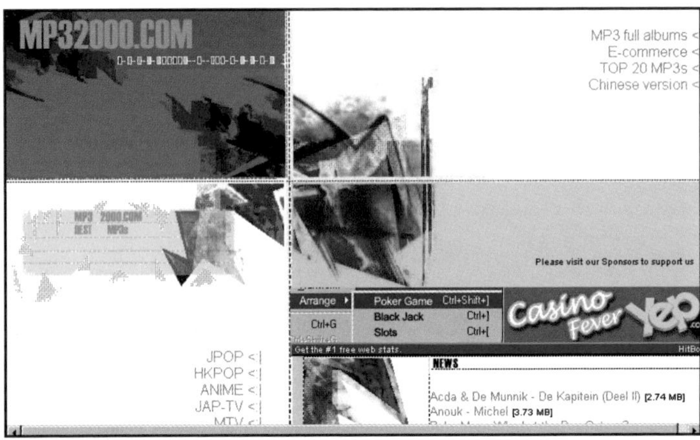

mp3box

mp3.box.sk

El principal buscador de archivos MP3 mediante FTP. Es parte del famoso grupo de sitios encabezados por **Astalavista.box.sk**. Provee de respuestas a la más variadas búsquedas, y proporciona diferentes softwares administrados por categorías, además de las noticias más actuales.

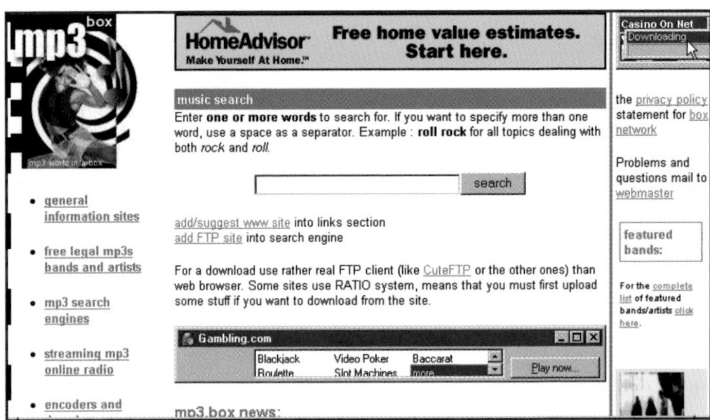

MUSICSEEKSEARCH
www.musicseek.com

Consiste en una página sencilla que funciona como buscador de archivos MP3, entre otros formatos de audio digital, ya que también incluye la posibilidad de buscar archivos con extensión **VQF**, **AAC** o **RA**. Posee diferentes tipos de búsqueda, y su uso es muy sencillo.

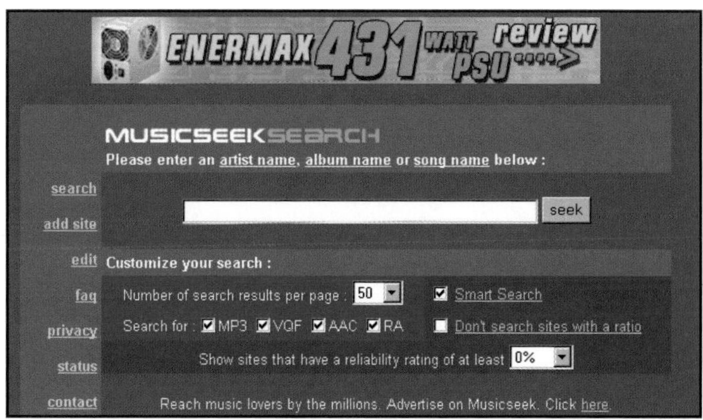

Hardware

MP3 Players
www.mp3players.co.uk

Una excelente página que brinda acceso a las últimas novedades sobre diferentes reproductores. Otorga una amplia cantidad de revisiones y consejos.

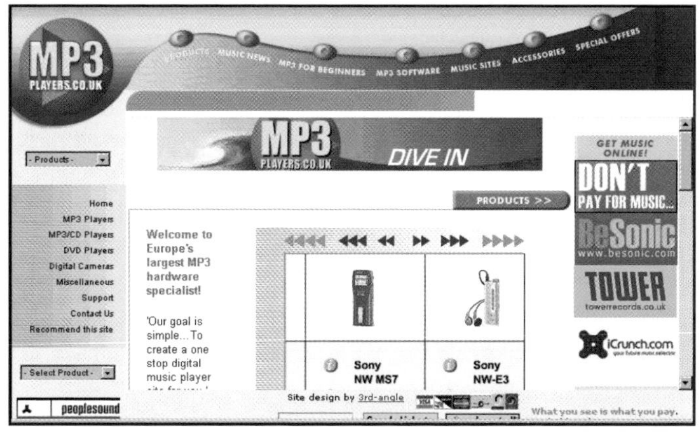

Servicios al lector

MP3 Shopping.com

www.mp3shopping.com

Un shopping de productos únicamente referidos al MP3. Aquí podrán contar con una extensa cantidad de revisiones sobre los más variados reproductores, una sección de software, noticias, y más.

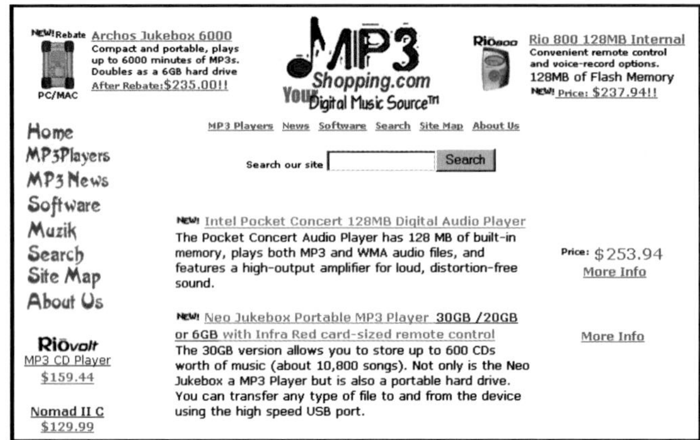

easybuy2000.com

www.easybuy2000.com

Poco a poco, este sitio se está convirtiendo en un referente sobre reproductores MP3, con el lanzamiento de uno de los primeros MP3/CD Players, **MPTrip**. Su página ofrece una completa descripción de los productos, que incluyen en algunos casos un manual en formato PDF.

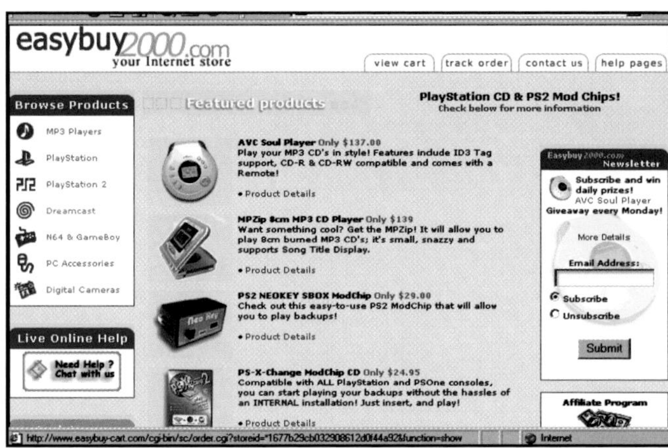

Recursos varios

gracenote
www.cddb.com

El servicio de CDDB, ahora llamado **Gracenote**, permite a diferentes aplicaciones conseguir información adicional sobre los artistas. Este tipo de información es especialmente útil en los rippers como MusicMatch. Posibilita acceder a este servicio, ver qué aplicaciones lo utilizan, participar de un ranking o consultar informes especiales.

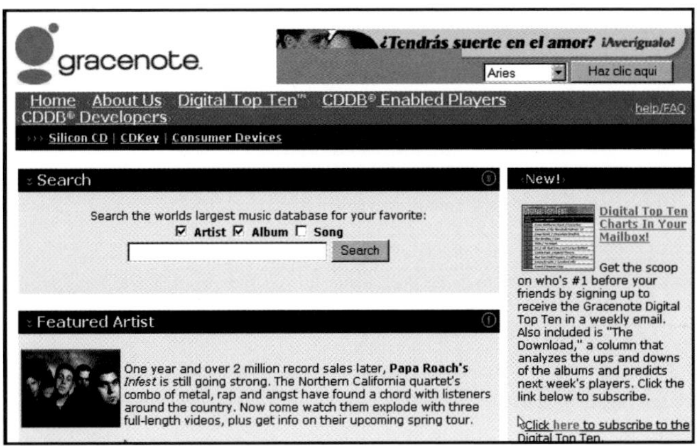

MP3.com
www.mp3.com

¿La página oficial de MP3? Cualquiera sea la respuesta, en **MP3.com** podrán encontrar las últimas novedades relacionadas con el soft para este formato. Este sitio es altamente recomendable para comenzar a investigar sobre el soft más variado, incluso para distintas plataformas como Linux o Mac.

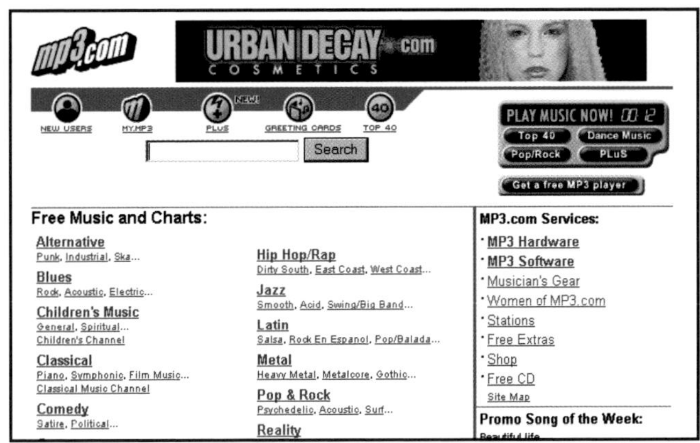

MP3.COM.AR

www.mp3.com.ar

El sitio "oficial" del MP3 en la Argentina. Cuenta con una sencilla sección en donde se comentan y ofrecen para descargar los players más conocidos.

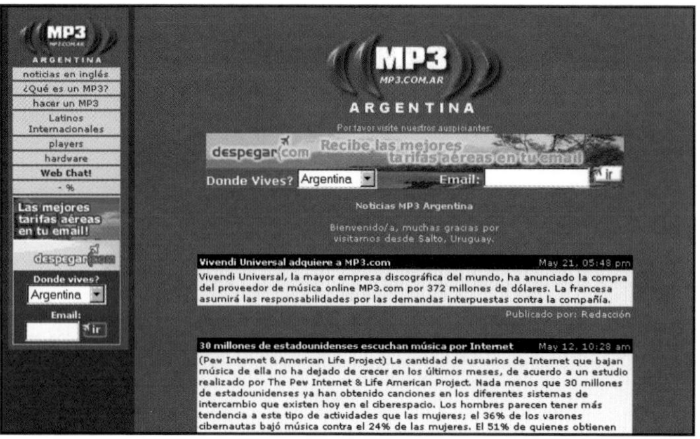

DailyMP3.com

dailymp3.org/main.html

Un sitio que se destaca por la calidad de su interfase gráfica y por la variedad de información allí disponible. Cuenta con importantes secciones de software, noticias, tutoriales, buscadores, y muchas cosas más.

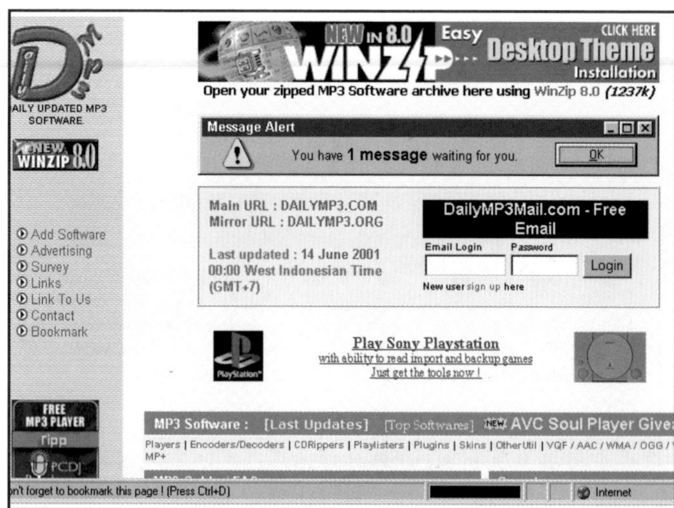

skinz.org
www.skinz.org

Puede ser considerado como el sitio "oficial" de las skins. En él encontrarán una variada cantidad de skins para todos los programas que incluyan esta posibilidad. Winamp, Sonique y Windows MediaPlayer son algunas de sus opciones. Además, cuenta con skins para aplicaciones no relacionadas con el MP3, como el popular WindowBlinds.

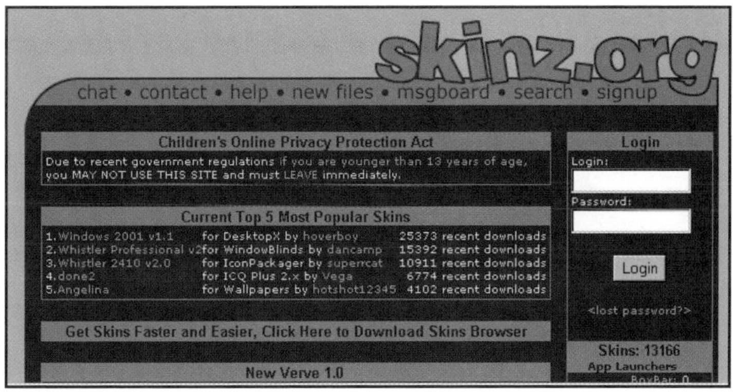

MP3Hispania
www.mp3hispania.com

Probablemente, el site en español más popular sobre MP3. Contiene interesantes tutoriales, el software más popular, revisiones de diferentes productos, archivos MP3 de variados géneros musicales, encuestas, foros, links, noticias, y mucho más. Todo totalmente en español.

riaa/home
www.riaa.org

RIAA es la asociación conformada por las principales compañías musicales. Su lucha principal es por detener la piratería, pero además brinda interesantes estadísticas, información sobre copyright en sus diferentes aspectos, y varias cosas más.

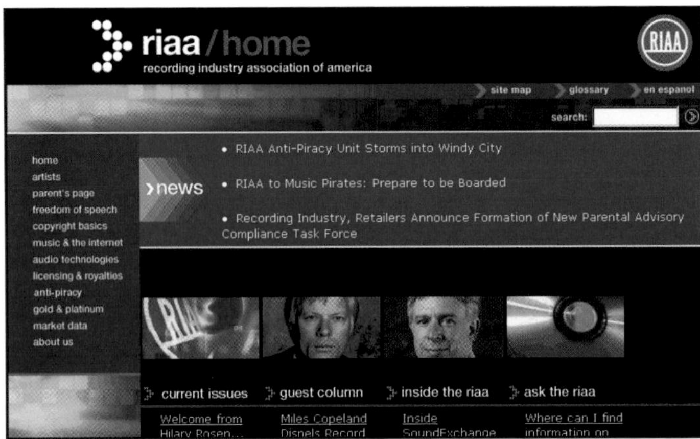

Fraunhofer Institute
www.iis.fhg.de

Un sitio web perteneciente al instituto desarrollador del MP3. Provee de información técnica sobre éste y otros formatos; y acerca de diferentes proyectos llevados a cabo allí.

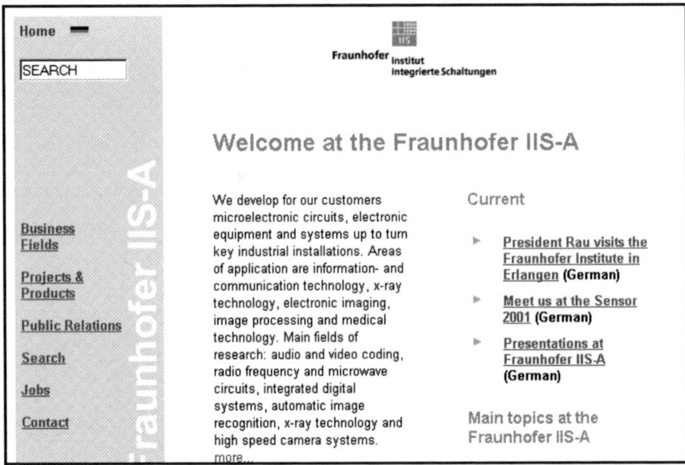

hispamp3

www.hispamp3.com

Brinda abundante información sobre MP3 totalmente en español. Cuenta con una completa sección de noticias actualizada constantemente. Este sitio será de gran utilidad para quienes recién se inician en el tema o para quienes ya conocen algo. Incluye un buscador y varios tutoriales, FAQs, links y foros de discusión.

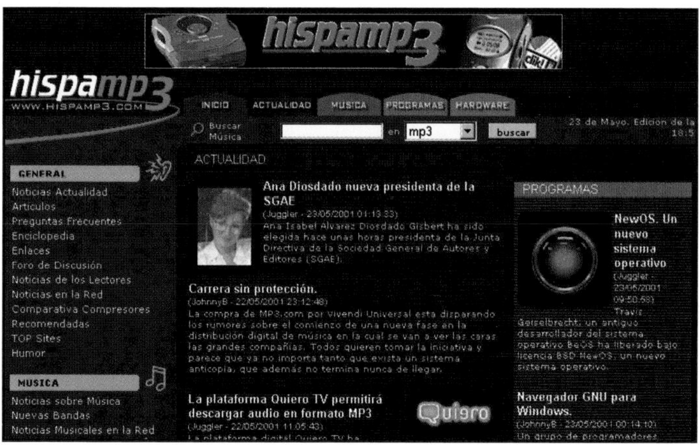

MPEG

www.cselt.it/mpeg

La página oficial del MPEG, encargada de la estandarización de formatos de compresión de audio y video. Presenta toda la información legal referida a este tema; y también, completos tutoriales, FAQs y datos sobre proyectos futuros.

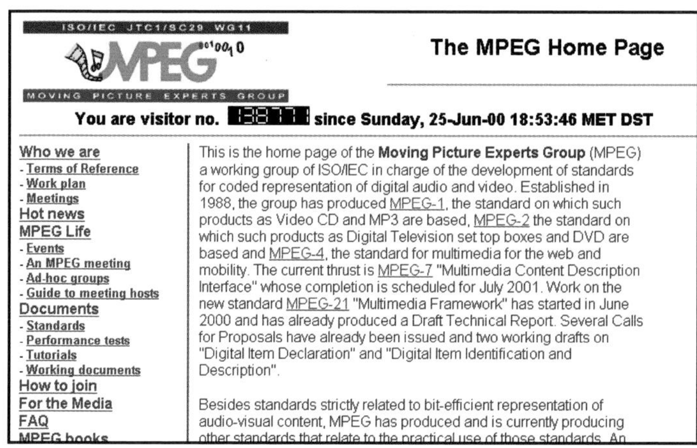

Servicios al lector

CNET Music Center

music.cnet.com

Un servicio más brindado por la gente de **CNET** que, al igual que **Download.com**, se destaca por la calidad de sus contenidos. Especialmente dedicado a la música, brinda informes sobre los reproductores portátiles más importantes, el software más utilizado, tutoriales y demás temas referidos al audio digital.

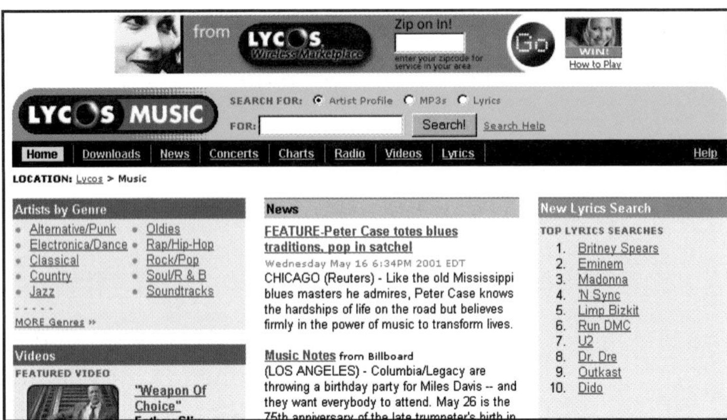

ID3v2

www.id3.org

El sitio oficial del ID3, que permite almacenar información adicional sobre los archivos: se puede incluir el autor, el nombre, el año, comentarios adicionales, etc. Informa acerca de las últimas versiones disponibles, qué aplicaciones las utilizan y mucho más.

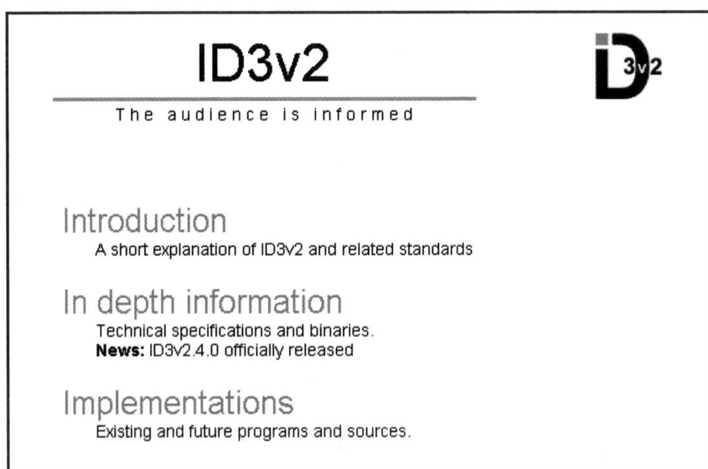

Atajos de teclado

Winamp

Como es sabido, Winamp dispone de un amplio número de funciones. El programa, a su vez, ha tratado, versión tras versión, de facilitar su uso mediante los atajos de teclado. Una importante característica de éstos es que se encuentran ordenados por componente: fundamentalmente, éstos son el **reproductor** y la **lista de reproducciones**. A continuación, un listado de los atajos más importantes para estos componentes.

Pantalla principal y Reproductor

Comando	Función
F1	Menú de ayuda e información adicional sobre Winamp.
Ctrl + A	Coloca todos los componentes de Winamp, excepto la lista de producciones, sobre el resto de las aplicaciones en pantalla.
Ctrl + Alt + A	Coloca todos los componentes de Winamp, incluida la lista de reproducciones, sobre el resto de las aplicaciones en pantalla.
Ctrl + D	Duplica el tamaño de Winamp.
Ctrl + E	Activa el modo de fácil desplazamiento.
Ctrl + T	Modifica el estilo de visualización del tiempo de reproducción.
Alt + W	Oculta o muestra la pantalla de reproducción.
Alt + E	Oculta o muestra la lista de reproducciones.
Alt + G	Oculta o muestra el ecualizador.
Alt + T	Oculta o muestra el browser para la Web.
Ctrl + Tab	Pasa por los diferentes componentes de Winamp.
Alt + S	Accede a las opciones referidas a las skins.

Comando	Función
Alt + P	Accede a las preferencias de Winamp.
Alt + O	Ingresa en las opciones de visualización.
Alt + F	Activa el menú principal.
Alt + K	Configura las visualizaciones.
Ctrl + ⇧ + K	Ejecuta o detiene una visualización.
Ctrl + K	Accede a las configuraciones de las visualizaciones.
R	Activa o desactiva el modo `Repeat`.
S	Activa o desactiva el modo `Shuffle`.
Alt + 3	Muestra la información adicional sobre los archivos.
X o 5	Comienza o detiene la producción.
B o 6	Pasa al siguiente archivo.
Z o 4	Retrocede un archivo.
1	Retrocede diez archivos.
3	Avanza diez archivos
V	Detiene la reproducción.
⇧ + V	Detiene la reproducción utilizando un efecto Fadeout que reduce paulatinamente el volumen hasta la finalización del archivo.
Ctrl + V	Detiene la reproducción luego de finalizar el archivo que está ejecutando.
C	Modo pausa.
L o O	Abre un archivo.
Ctrl + L	Abre una ventana para reproducir el contenido que ofrezca una página web.

Comando	Función
⇧ + L + Insert	Abre una carpeta para reproducir archivos allí contenidos.
↑ o (8	Aumenta el volumen.
↓ o " 2 @	Disminuye el volumen.

Lista de reproducciones

Comando	Función
Ctrl + A	Selecciona todos los archivos incluidos en la lista de reproducciones.
Ctrl + ⇧ + ←	Limpia la lista de reproducciones.
Alt + ←	Elimina de la lista los temas que tengan archivos muertos; Winamp se encarga de buscar si el archivo existe o no y, de no encontrar uno, elimina el registro de la lista de reproducciones.
Ctrl + ⇧ + ! 1	Ordena la lista por título.
Ctrl + ⇧ + " 2 @	Ordena la lista por nombre de archivo.
Ctrl + ⇧ + · 3 #	Ordena la lista por ubicación y nombre de archivo.
Ctrl + ⇧ + R	Hace un Random en la lista.
Ctrl + R	Revierte el orden en la lista.

MusicMatch Jukebox

Comando	Función
Ctrl + P	Comienza la reproducción.
Ctrl + S	Detiene la reproducción.
Ctrl + O	Abre un archivo.
Ctrl + M	Mute.
Ctrl + ⇧ + S	Accede a las opciones de configuración.
Ctrl + T	Coloca a MusicMatch sobre el resto de las aplicaciones en pantalla.
Alt + ←	Adelanta una canción.
Alt + →	Retrocede una canción.
Ctrl + F5	Abre la lista de reproducciones.
Alt + Av Pág	Cambia a la visualización más reducida.

Índice alfabético

A

B

C

D

E

F

G

H

I

J

K

L

M

Visite nuestro sitio en la Web

>> libros.tectimes.com

Cómo buscar en Internet
Navegar por Internet puede resultar una actividad eficaz si, después de aplicar técnicas sistemáticas de búsqueda, se encuentra la información deseada. Este libro propone ejercitar estos procedimientos para aumentar las posibilidades de éxito con casos prácticos y estrategias de búsqueda.

COLECCIÓN: USERS EXPRESS
$14,90 / ISBN 987-526-076-2
296 págs. / Peso: 350 grs.

La Biblia del chat
Los secretos del medio de comunicación elegido por todos. Conozca gente, converse con amigos e intercambie información fácil y rápidamente. **En el CD:** videos de las acciones más importantes del libro y el mejor software relacionado: ICQ, mIRC, Gooey, NetMeeting, y mucho más.

COLECCIÓN: MANUALES USERS
$19,90 / ISBN 987-526-070-3
424 págs. / Peso: 561 grs.

4000 elementos para crear un sitio web
Una cuidadosa selección de fotos, botones, íconos y GIFs animados para asistir el trabajo de diseñadores de páginas web. **En el CD:** el mejor software de diseño, utilitarios y programas relacionados con la creación de documentos HTML.

COLECCIÓN: USERS EN CD
$12,90 / ISBN 987-526-067-3
64 págs. / Peso: 171 grs.

Diseño Web 2001
La segunda edición del libro *Manual de creación de páginas web*, ampliado y actualizado con las últimas tecnologías. **En el CD:** el mejor software relacionado, fuentes tipográficas, galerías de imágenes, tutoriales y ejemplos.

COLECCIÓN: MANUALES USERS
$19,90 / ISBN 987-526-066-5
248 págs. / Peso: 400 grs.

MP3 La revolución ya empezó
Un Especial MP3 que cuenta la polémica Metallica vs. Napster. Además, todos los dispositivos, programas y sitios relacionados con el formato digital que revo-luciona el mundo de la música. **En los CDs:** ¡180 temas en MP3 y 650 MB del mejor software!

COLECCIÓN: ESPECIALES USERS
$12,90 / ISBN 987-526-061-4
80 págs. / Peso: 125 grs.

Sitios web con FrontPage 2000
Proyectos que enseñan todas las funciones del poderoso programa FrontPage 2000 para diseño de sitios web. **En el CD:** los mejores programas relacionados, los proyectos del libro, galería de imágenes, y mucho más.

COLECCIÓN: USERS EXPRESS
$19,90 / ISBN 987-526-068-1
384 págs. / Peso: 563 grs.

■ Un servicio exclusivo para responder a sus consultas sobre nuestros productos > > >

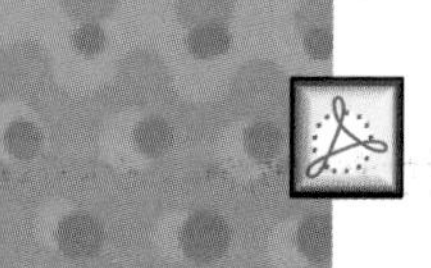

¡LÉALO ANTES QUE NADIE!
>> **En nuestro sitio puede obtener GRATIS un capítulo de los libros marcados con este ícono.**

Cómo crear un sitio web
Desde el desarrollo de un sitio con DreamWeaver 2 hasta el trabajo con imágenes en Photoshop. **En el CD:** los ejemplos del libro, software para crear documentos HTML, programas de diseño y utilitarios para Internet.

COLECCIÓN: PYMES
$19,90 / ISBN 987-526-026-6
254 págs. / Peso: 373 grs.

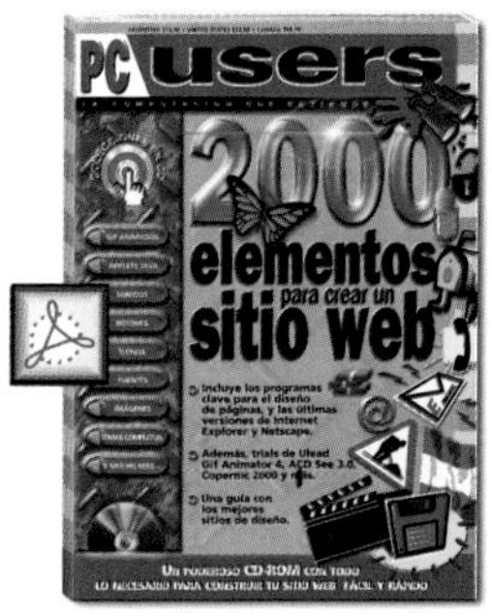

2.000 elementos para crear un sitio web
Todo lo necesario para diseñar un sitio web fácil y rápidamente. **En el CD:** sonidos, imágenes, applets Java, bordes, botones, viñetas, fuentes, íconos, flechas, etc., y los mejores programas de diseño y utilitarios.

COLECCIÓN: PC USERS EN CD
$12,90 / ISBN 987-526-034-7
40 págs. / Peso: 151 grs.

Guía de cocina en Internet
Todas las recetas del mundo, a un solo clic de distancia. Con los sitios clave de la web seleccionados para todos los gustos, y un glosario con más de 500 términos culinarios. **En el CD:** 1.000 sabrosas recetas y el mejor software de cocina.

COLECCIÓN: PC USERS GUÍAS WEB
$15,90 / ISBN 987-526-032-0
224 págs. / Peso: 360 grs.

Excel 2000
El especialista en Excel de la revista USERS explica, de manera clara y con soluciones visuales, cada una de las tareas a realizar con una planilla de cálculo. Desde los primeros pasos hasta los conceptos más avanzados, como las herramientas de análisis y la creación de macros.

COLECCIÓN: GUÍAS VISUALES
$19,90 / ISBN 987-526-062-2
240 págs. / Peso: 396 grs.

Outlook 2000
Este libro explica, de la manera más fácil y rápida, el uso intensivo de Outlook 2000. Presenta todas sus herramientas con guías visuales, dando soluciones concretas a cada problema. Desde las características de agenda electrónica hasta las tareas interactivas.

COLECCIÓN: GUÍAS VISUALES
$19,95 / ISBN 987-526-082-7
240 págs. / Peso: 395 grs.

Microsoft Outlook 2000
Los pasos necesarios para dominar el organizador más poderoso y versátil del mercado. Con explicaciones paso a paso, ejemplos de práctica, guías de ayuda y material complementario para conocer los secretos del programa de manera fácil y entretenida.

COLECCIÓN: MANUALES USERS
$17,90 / ISBN 987-526-064-9
320 págs. / Peso: 521 grs.

Los libros más completos

Con los elementos necesarios para garantizar un aprendizaje exitoso

La Biblia del Hardware 1
Todo sobre los componentes que forman parte de una computadora, en tan sólo dos volúmenes. En esta entrega, se desarrollan las partes troncales de la PC: el motherboard, el microprocesador, la memoria, y la arquitectura de los buses, puertos e interfases.

COLECCIÓN: MANUALES USERS
$17,90 / ISBN 987-526-088-6
232 págs. / Peso: 306 grs.

La Biblia del Hardware 2
Un completo recorrido por la arquitectura, la tecnología y el modo de operar de cada pieza del hardware. En esta entrega, dispositivos de entrada y salida, medios de almacenamiento, sistemas de audio y comunicación, placas de video y secretos para la compra de una PC.

COLECCIÓN: MANUALES USERS
$17,90 / ISBN 987-526-089-4
200 págs. / Peso: 264 grs.

PC Para Todos
Un manual completo y con explicaciones paso a paso sobre cada uno de los temas que garantizan el dominio total de la PC: hardware, administración de archivos, configuración de Windows, uso básico de los programas del paquete Office, Internet, correo electrónico y chat.

COLECCIÓN: APRENDIENDO PC
$22,90 / ISBN 987-526-075-4
544 págs. / Peso: 710 grs.

Photoshop 6.0
Primera entrega de una obra completísima. Conozca los fundamentos del programa Adobe Photoshop 6.0 con cada una de sus herramientas, comandos y técnicas más importantes. Además, datos curiosos, consejos útiles y ejercicios para evaluar sus conocimientos.

COLECCIÓN: MANUALES USERS
$19,95 / ISBN 987-526-077-0
376 págs. / Peso: 497 grs.

Photoshop 6.0 Avanzado
Segunda y última entrega de la obra, que profundiza en el uso, las técnicas profesionales y los efectos especiales del programa. Además, personalización, manejo del color, obtención de imágenes digitales, fusiones, optimización de imágenes para la Web y automatización de tareas.

COLECCIÓN: MANUALES USERS
$19,95 / ISBN 987-526-078-9
264 págs. / Peso: 349 grs.

3D Studio MAX
Un libro que explica, de manera fácil y visual, cada uno de los componentes del mejor programa de diseño 3D. **En el CD:** ejercicios resueltos para comprobar los resultados del libro, modelos 3D de alta calidad, scripts y texturas, plug-ins para MAX 3 y el mejor software relacionado.

COLECCIÓN: MANUALES USERS
$24,90 / ISBN 987-526-039-8
387 págs. / Peso: 618 grs.

ENCUESTA LIBROS

Nos interesa conocer su opinión para poder ofrecerle cada vez mejores libros. Complete esta encuesta y envíela por alguno de los siguientes medios:

ARGENTINA
- **Correo:** Moreno 2062 (C1094ABF), Buenos Aires, Argentina.
- **Fax:** (011) 4954-1791 • **E-mail:** lectores@tectimes.com

CHILE
- **Correo:** Av. Carlos Valdovinos 251, San Joaquín, Santiago, Chile.
- **Fax:** 552-5256 • **E-mail:** lectores@tectimes.com

MÉXICO
- **Correo:** Administración N° 40 (CONDESA), C.P. 06141, México, D.F.
- **Fax:** 5286-1828 • **E-mail:** lectores@tectimes.com

Datos personales

Nombre y Apellido ....Fecha de nac. .... Sexo ....

Dirección ....

Localidad - Comuna - Colonia .... CP ....

Teléfono .... E-mail ....

Ocupación

Estudiante	⬭	Jubilado	⬭
Empleado	⬭	Autónomo	⬭
Dueño/Socio	⬭	Docente	⬭

Otros (especifique) ....

Máximo nivel de estudios alcanzado

	Completos	Incompletos
Primarios	⬭	⬭
Secundarios	⬭	⬭
Terciarios	⬭	⬭
Universitarios	⬭	⬭
Otros	⬭	⬭

¿Compró algún otro libro de la editorial? ¿Cuál?

....

....

....

....

....

¿Cuántos libros de computación compra al año?

Cinco o más	⬭	Tres	⬭
Cuatro	⬭	Menos de tres	⬭

C O N T I N Ú A   A L   D O R S O

Se enteró de la publicación del libro por...

(Coloque 1 a la opción que más recuerda, 2 a la siguiente...)

- Verlo en el kiosco
- Publicidad en periódicos
- Verlo en librerías
- Publicidad en radio
- Publicidad en revistas
- Recomendación de otra persona
- Otros (especifique)

....

....

¿Dónde compró el libro?

- Kiosco
- Librería
- Casa de computación
- Supermercado
- Internet

El CD-ROM de este libro le pareció...

- Excelente
- Muy bueno
- Bueno
- Regular
- Malo
- Este libro no incluye CD-ROM

En general, el libro le pareció...

- Excelente
- Muy bueno
- Bueno
- Regular
- Malo

El diseño del libro le pareció...

- Excelente
- Muy bueno
- Bueno
- Regular
- Malo

Idioma

¿Sobre qué versión de los programas preferiría que estuviesen basados nuestros libros?

- Español
- Inglés

Escriba sus sugerencias para la próxima edición

....

....

....

....

....

....

Otros temas en los que le gustaría profundizar

....

....

....

....

....

....

....